Kreativ
Malen & Zeichnen
Aquarell

Kreativ Malen und Zeichnen wurde zusammengestellt von Pieter von Delft und Bert Willem van der Hout, Alpha Design Amsterdam und Trendboek bv, Maarssenbroek

Recherche und Text: Tine Cortel und Theo Stevens

Redaktion: Carla van Splunteren

Übersetzung: Text & Sprache

Layout und Gestaltung:
Bert Willem van der Hout, Alpha Design, Amsterdam

Satz: Euroset bv, Amsterdam

Lithographie: Nefli bv, Haarlem

Druck: Koninklijke Smeets Offset BV, Weert

Umschlaggestaltung: Hans Rüttinger, Uehlfeld

© 1988 Trendboek bv, Maarssenbroek und Alpha Design, Amsterdam

Illustrationen:

Four Color Amsterdam:
Seite 9, 18, 20, 21, 27, 30, 32, 33 mitten und unten, 76, 77, 106, 107, 108 oben, 109 unten, 110
Don Nederhand, Apeldoorn:
Seite 50 links, 64, 65 unten, 90
Koninklijke Smeets Offset bv Weert:
Seite 10, 11, 12, 13, 14, 15, 16, 17, 46 unten, 60 unten, 61, 63, 89, 90, 94, 98, 99, 100, 101
Martin Smit, Apeldoorn:
Seite 47, 52, 57, 59, 62, 67, 68, 71, 72, 73, 74, 75
Theo Stevens, Amsterdam:
Seite 22, 23, 29, 31, 33 oben, 35, 36, 38, 39, 40, 41, 42, 43, 44, 45, 46 oben, 48, 49, 50, 51, 53, 54, 55, 56, 58, 60 oben, 69, 70, 79, 80, 81, 88, 91, 92, 93, 95, 96, 97, 102, 103, 104, 108 unten, 109 oben, 111, 112, 113, 114, 115, 116
Koninklijke Talens bv, Apeldoorn:
Seite 25
Peter Vassilev, Franeker:
Seite 64, 65, 66, 78, 82, 83, 84, 85, 86, 87

Unser Dank (für Beratung und Material) gilt:
Koninklijke Talens bv Apeldoorn
Papierfabrik Schut, Heelsum
Hardtmuth Holland

CIP-Titelaufnahme der Deutschen Bibliothek
Kreativ malen & [und] zeichnen / [zsgest. von Pieter van Delft u. Bert Willem van der Hout. Research u. Text: Tine Cortel u. Theo Stevens]. – München: Hugendubel. (Homo ludens)
NE: Delft, Pieter van [Hrsg.]; Cortel, Tine [Mitverf.]
Aquarell / [Übers.: E. Lukassen. Ill.: Fred ten Brave ...]. – 1988
ISBN 3-88034-359-4

© der deutschsprachigen Ausgabe
Heinrich Hugendubel Verlag, München 1988
Alle Rechte vorbehalten

ISBN 3-88034-359-4

Printed in Holland

KREATIV
MALEN & ZEICHNEN

AQUARELL

PFLEGE UND INSTANDHALTUNG *105*

Aquarellfarbe *105*
Pinsel *105*
Aufbewahrungsmöglichkeiten für Pinsel *106*
Aquarellpapier *107*
Arbeiten *107*
Das Firnissen eines Aquarells *108*
Das Rahmen eines Aquarells *110*

Einleitung

Aquarellfarbe gehört zu den Wasserfarben, genau wie die deckende Gouachefarbe und die 'tintige' Wasserfarbe. Es ist eine transparente Farbe, die Schicht auf Schicht aufgetragen wird. Auf diese Weise entstehen Mischfarben. Die Farbe besteht aus reinen, sehr fein gemahlenen Pigmenten, mit Gummiarabicum

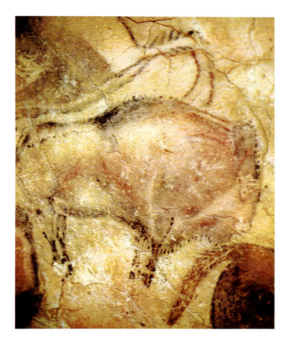

Höhlenmalerei
Altamira, Spanien
Ausschnitt
ca. 13500 Jahre v.Chr.

Diese Höhlenmalerei, die sich in Bodennähe befindet, wurde 1879 zufällig von einem fünfjährigen Mädchen entdeckt, das mit seinem Vater durch eine Höhle streifte. Bis zu diesem Zeitpunkt war diese Zeichnung von den Erwachsenen übersehen worden. Die Höhle, die an manchen Stellen gut 250 Meter tief ist, war bestimmten atmosphärischen Einflüssen nicht ausgesetzt und dadurch ist die Malerei gut konserviert worden. Man achtet nun darauf, daß dieses Malereien auch in der Zukunft erhalten bleiben. Auch die Besichtigungsmöglichkeiten hat man deswegen auf ein Minimum beschränkt. In dieser Malerei wurden Holzkohle, roter, gelber und brauner Ocker verwendet.

als Bindemittel. Dieses Gummi wird aus Akazienbäumen und -sträuchern gewonnen: wird der Stamm verletzt, beginnt er zu tränen und nachdem die Tränen eingetrocknet sind, werden sie vom Stamm entfernt. Das Gummi ist leicht wasserlöslich und haftet gut auf Papier. Außerdem dient es als leichter, dünner Firnis, das die Farbe heller und leuchtender macht.

Das italienische Wort 'aquarell' bedeutet 'Wässerchen' und könnte auf das wäßrige Verarbeiten dieser Farbsorte hindeuten. Aquarellfarbe wird meist auf einem weißen oder leicht getönten Träger aufgetragen. Das darauffallende Licht scheint durch die transparente Farbschicht hindurch und wird zurückgeworfen - und das ist es, was einem Aquarell seine charakteristische, besondere Brillianz verleiht.

Schon seit Menschengedenken hatte der Mensch den Drang, das, was ihn innerlich berührte, in der zwei- und dreidimensionalen Ebene darzustellen. Er benutzte dazu die Mittel, die ihm die Natur bereitstellte.

Die wichtigsten Themen dieser Darstellungen waren der Mensch selber und die Tiere, die er kannte. Die wichtigsten Materialien waren Holz, Stein, Elfenbein und Tierknochen.

Tierfelle und Felswände wurden mit Zeichnungen und Malereien ausgestattet. Man benutzte allerhand nützliche Pigmente, wie gefärbte Erde, Kreide, verkohlte Pflanzen-, Baum- und Knochenreste. Indem man sie mit Wasser vermischte, enstanden flüssige Farben.

Später stellte man auch Farbstoffe aus Pflanzen und gemahlenem Gestein her.

Die Höhlenmalereien, die erhalten geblieben sind, vermitteln uns einen Eindruck vom Leben in der Urzeit. Diese Wandmalereien, die in vielen Teilen der Welt zu finden sind, bestätigen, daß Wasserfarbe eine der allerfrühesten Farbsorten ist, die der Mensch angewendet hat.

Auch aus den alten östlichen Kulturen sind Darstellungen erhalten geblieben, für die Wasserfarbe in Verbindung mit ostindischer Tinte verwendet wurde. Sie wurden meistens auf Seide gemalt, die mit Alaun und Leim präpariert war. Um zu verhindern, daß der Zahn der Zeit die Arbeiten beschädigte, wurde die bemalte Seide aufgerollt und in Köchern aufbewahrt.

Wildente in den Sümpfen
– 1567-1320 v.Chr.
TELL-EL-AMARNA – 18. Dynastie

Diese Tempelmalerei wurde auf den Boden des Palastes in Tell-el-Amarna, in Ägypten angebracht. Tempera entsteht, wenn man Pigmente mit einer flüssigen Molke, Eigelb und/oder Eiweiß vermischt. Diese Tempera wurde mit Wasser verdünnt aufgetragen. Die Farbe trocknet rasch und ist dann wasserfest. Mit Wasser verdünnte Temperafarbe sieht durchsichtig aus, aber erreicht niemals die Klarheit, die Aquarellfarben eigen ist.
Tempera war nicht nur den Ägyptern bekannt, sondern auch den Griechen und Römern. Der Gebrauch von Tempera erlebte einen großen Aufschwung in der byzantinischen Zeit. Bis zur Entwicklung der Ölfarbe im 15. Jahrhundert war Tempera eines der meist benutzten Mittel zum Malen.

Der alte Schreiber Fou Cheng
– 699-759
WANG WEI

Dieses Gemälde ist in Wasserfarbe und ostindischer Tinte auf Seide ausgeführt. Es wird Wang Wei zugeschrieben, einem der wichtigsten chinesischen Maler und Dichter der Tang-Dynastie (618-907).
Der Gelehrte Wang Wei war der große Pionier des Monochrom (in einer einzigen Farbe malen). Diese Zeichnung ist also nicht typisch für ihn, weil darin mehrere Farben zur Anwendung kommen.
Wang Wei hatte großen Einfluß auf die chinesische Landschaftsmalerei.

Der heilige Mûsô Sôseki
– 14. Jahrhundert
MÛTÔ SHÛI

Auch in Japan wurde das Malen mit Wasserfarbe auf Seide angewendet. Dieses Portrait des buddhistischen Heiligen Mûsô Sôseki ist ein schönes Beispiel dafür. Das Bild strahlt eine Förmlichkeit aus, die für das japanische Leben am Hofe in dieser Zeit kennzeichnend ist.

Viele Menschen denken, das Aquarellieren sei im 15. Jahrhundert in England entstanden, aber tatsächlich war es schon lange vorher eine weit entwickelte Maltechnik.

Ölfarbe hielt im 14. Jahrhundert ihren Einzug in die westliche Welt und wurde in den folgenden vier Jahrhunderten ein sehr verbreitetes Medium. Wasserfarbe machte in dieser Zeit die gleiche Entwicklung in China und Japan durch.

Es gab im Westen viele Künstler, die Wasserfarbe für Vorstudien für ihre Ölgemälde benutzten, aber ansonsten stand diese Farbsorte doch sehr lange im Schatten der Ölfarbe. Der deutsche Maler Albrecht Dürer (1471-1528) war einer der ersten, die Wasserfarbe öfters anwendeten. Daneben waren sowohl englische als auch französische Künstler für die Entwicklung des Aquarellierens wichtig.

Gegen Ende des 18. Jahrhunderts wurde diese Technik in England so populär und von einer derart großen Gruppe Künstler angewendet, daß man von 'English art' sprach.

Vor allem bei den Landschaftsmalern war Aquarellfarbe sehr beliebt. Die sehr schnellen Wechsel des Lichtes und die Veränderlichkeit des schweren englischen Himmels konnten mit diesem Medium schnell festgelegt werden.

Künstler wie Paul Sandby (1725-1809), William Turner (1755-1851), William Blake (1757-1827) und John Constable (1766-1837) entwickelten eine eigene Technik.

John Constable war ein englischer Landschaftsmaler. Erst spät zu seiner eigenen Zeit anerkannt, ist er nun berühmt als Interpret von Naturstimmungen. Er beobachtete die Naturerscheinungen genauestens und hielt sie u.a. in Aquarellen fest, in denen vor allem wilde Wolkengebilde seine Aufmerksamkeit hatten.
Stonehenge ist ein deutliches Beispiel eines seiner beinahe dramatisch gemalten Aquarelle.

Stonehenge
– ca. 1834/36
JOHN CONSTABLE

Der Landsitz unseres
Meisters
– 1941
PAUL NASH

Paul Nash war einer der englischen Aquarellisten, die die englische Tradition fortführten. Er wurde im Ersten Weltkrieg verwundet und verlegte sich danach auf das Malen von Kriegsbildern. Er tat dies sowohl während des Ersten wie auch während des Zweiten Weltkriegs und hielt nicht nur Kriegsszenen zu Lande, sondern auch in der Luft fest. Daneben ist auch sein träumerisches, idyllisches Werk – wie das hier abgebildete Aquarell – bekannt.

Nicht nur England hat eine Aquarelltradition; auch in Amerika wurde (während des 19. Jahrhunderts) Aquarellfarbe ein vielfältig angewendetes Medium. Unter den wichtigsten Künstlern befanden sich Winslow Homer (1836-1910), Thomas Eakins (1844-1915) und später Edward Hopper (1882-1967).

Der englische Kunstmaler Richard Parkes Bonington (1801-1828), der 16jährig mit seiner Familie nach Frankreich übersiedelte und sich in Calais niederließ, und seine Landsmänner, die Brüder Fielding, führten das Aquarellieren bei den französischen Romantikern ein. Dazu gehörte unter anderen Eugène Delacroix.

Dies geschah, als Copley Fielding 1824 neun Aquarelle im 'Le Salon' ausstellte – einer jährlichen Ausstellung – in Paris. Er erhielt dafür eine Goldmedaille.

Später folgten Paul Dignac, Paul Cézanne und nicht zu vergessen Gustave Moreau, die weit über 200 Aquarelle machten.

Winslow Homer fing relativ spät an zu malen. Er malte viele Szenen aus dem amerikanischen Bürgerkrieg, auf eine nüchterne, dokumentierende Weise.

Während seines Aufenthaltes in Paris 1867 begegnete er Edouard Manet, dessen Werk großen Einfluß auf ihn hatte. 1881 und 1882 verweilte er an der rauhen Küste Nord-Englands, wo die See, die Küste und das Fischerleben ihn inspirierten. Als er nach Amerika zurückkehrte, ließ der einsilbige Homer sich an der Küste von Maine nieder, wo er ein zurückgezogenes, einsames Leben führte.

In seinen frischen Aquarellen mit starken Farbkontrasten ist fast immer eine gewisse Verlassenheit zurückzufinden.

Der Holzhacker und der gefällte Baum
– 1891
WINSLOW HOMER

Aufbruch zur Jagd auf die
Wasserralle
– 1885
THOMAS EAKINS

Thomas Eakins wird zu den größten amerikanischen Malern des 19. Jahrhunderts gezählt. Er hatte einen realistischen Stil, mit einer Betonung besonderer Lichteffekte, vor allem in seinen Portraits. Eakins war von der Anatomie des menschlichen Körpers fasziniert, was nicht immer dankbar aufgenommen wurde. Sowohl durch den Unterricht, den er an der Akademie gab, als auch durch seine Arbeiten kam er mit den damaligen Normen öfters in Konflikt. Später jedoch wurde er anerkannt.

Er war ein Perfektionist, und um die Körperformen so realistisch wie möglich darstellen zu können, fertigte er erst Wachsmodelle, bevor er sie auf der Leinwand festhielt.

Seinen Außenbildern, darunter vielen Aquarellen, ist ein typisch amerikanischer Luminismus (Lichtwirkung) zueigen. Bootsfahrten und Schwimmszenen waren seine Lieblingsthemen und er stimmte seine Farben sorgfältig darauf ab. In vielen seiner Aquarelle brachte er regelmäßige kleine Pinselstriche an, zwischen denen er das Papier unbearbeitet ließ.

Auch anderswo wurden Künstler von diesem Medium fasziniert. Es gibt eine ganze Reihe prachtvoller Aquarelle von u.a. dem russischen Maler Wassily Kandinsky, dem Schweizer Paul Klee und dem deutschen Karikaturisten George Grosz. In dieses Buch wurden Arbeiten genannter Künstler aufgenommen.

Nachdem das Aquarellieren eine zeitlang einen Dornröschenschlaf gehalten hat, wurde Aquarellfarbe sowohl von Künstlern als auch von Sonntagsmalern erneut entdeckt. Gegenwärtig werden Arbeiten auf hohem Niveau in Aquarell ausgeführt, wie auch dies überzeugend zeigt.

Dieser in Rußland unter dem Namen Wassily Vassiljewitsch Kandinsky geborene Künstler, war einer der wichtigsten Wegbereiter der abstrakten Kunst zu Anfang des 20. Jahrhunderts.

Er wird oft als der Produzent der ersten rein abstrakten Kunstwerke angesehen. Kandinsky, der ursprünglich Jurist war, ließ sich 1896 in Deutschland nieder, um in München die Malerei zu erlernen. Mit Franz Marc richtete er eine eigene Ausstellung aus, den 'Blauen Reiter'. Nachdem er zuerst halb abstrakt gearbeitet hatte, entwickelte er sich später zu einem rein abstrakten Maler, 1912 publizierte er sein berühmtes Buch *Über das Geistige der Kunst*, in dem er seinen Glauben in die abstrakte Kunst darlegte. Er sagt: 'Abstrakte Kunst basiert auf Harmonie, Farbe und Form' und 'Jede Arbeit entsteht technisch so, wie der Kosmos entsteht: durch Katastrophen, die aus dem chaotischen Gebrüll der Instrumente zum Schluß eine Symphonie formen. Schöpferische Arbeit ist Weltschöpfung.' Mit dieser letzten Aussage erklärt er die zahlreichen abstrakten Bilder, die er so genial komponierte.

Nach einem kurzen Aufenthalt in seinem Geburtsland verließ er es endgültig um sich wieder in Deutschland niederzulassen. Dort gab er unter anderem Unterricht im 'Bauhaus' – der Hochschule für Architektur und angewandte Kunst, wo man danach strebte, alle Kunstformen zu vereinigen, um als Einheit unter der Disziplin der Baukunst zu funktionieren. 1933 zog Kandinsky nach Frankreich, wo er bis zu seinem Tode arbeitete.

Das erste abstrakte Aquarell
– 1910
WASSILY KANDINSKY

Das Material

Aquarellfarbe

Professionelle Qualitäten von Aquarellfarbe bestehen aus reinen, sehr fein gemahlenen, transparenten Pigmenten, die mit Gummiarabikum gebunden sind. Dieses Gummi hat eine große Haftfähigkeit und ist sehr hell – die Pigmentfarben werden also nicht davon beeinträchtigt.

Aquarellfarbe wird mit Wasser verdünnt. Je mehr Wasser der Farbe zugefügt wird, desto heller wird die Farbe. Bei anderen Farbsorten – wie Öl-, Gouache- und Acrylfarbe – wird eine Farbe mit Weiß heller gemacht, wobei das Weiß pur verarbeitet wird. Dieses Weiß ist immer deckend und nie transparent. Beim Aquarellieren ist das anders. Außer daß Farben mit Wasser heller gemacht werden, kann man auch einfach weiße Flächen auf dem Papier freilassen. Weiße Farbe ist nämlich niemals so transparent, daß bei Vermischung die Farben hell und transparent werden. Das Aquarellieren wird dadurch zu einer völlig eigenständigen Technik.

Ausnahmsweise wird Weiß in Form von Chinesisch Weiß in der Endphase eines Aquarells zum Anbringen der 'Glanzlichter' angewendet. Unter 'Glanzlichtern' versteht man die Details eines Bildes, auf die das meiste Licht fällt. Die Meinungen über die Verwendung von Weiß gehen stark auseinander. Manche Aquarellisten meinen, daß Weiß beim Fertigen eines reinen Aquarells niemals verwendet werden darf. Andere wiederum haben dagegen überhaupt nichts einzuwenden.

Vor allem englische Aquarellisten verwenden häufig Weiß. Im ersten Teil dieses Buches liegt die Betonung auf der Aussparungstechnik. Im zweiten Teil werden Beispiele für die Anwendung von Weiß gegeben, während dann jeweils der Gebrauch von Aussparungsfilm (um weiße Flächen auszusparen) erklärt wird.

Aquarellfarbe ist in Tuben, Blöckchen und Näpfchen erhältlich.

Die ersten anschaffungen

Die folgenden Punkte können Sie in Erwägung ziehen:

– Beim Gebrauch von Farbtuben ist es nötig, sich eine Wasserfarbenpalette oder einen Palettenkasten anzuschaffen – es sei denn, die Tuben sind schon in einem Metallkasten verpackt, der als Palettenkasten benutzt werden kann.

– Sortimente von Näpfchen und Blöckchen Aquarellfarbe sind meistens in einem Metallpalettenkästchen verpackt (Aquarellpaletten siehe Seite 30).

– Farbe in Tuben läßt sich direkt mit Wasser verdünnen, weil die Farbe bereits halbflüssig ist.

– Farbe in Näpfchen muß mit einem feuchten Pinsel zuerst ein wenig aufgelöst werden. Das wird aber viel einfacher, wenn Sie – bevor sie anfangen – auf jedes Näpfchen einen Tropfen Wasser geben.

– Farbe in gepreßten Blöckchen ist meist härter als die in Näpfchen. Beim Auflösen der Farbe kann Ihr Pinsel hierdurch beschädigt werden. Um dies zu verhindern, könnten Sie eventuell die Farbe zuerst etwas mit einem Schweinsborstenquast auflösen.

– Für Malerei im Freien ist feste Aquarellfarbe am einfachsten zu transportieren.

– Um Auslaufen der Farbe zu verhindern, sollten Sie die Palette oder den Palettenkasten mit den Farbtuben am besten waagerecht transportieren.

Es ist wichtig, daß Sie Ihre Aquarellfarbe in einem zuverlässigen Geschäft einkaufen.

Es sind nämlich viele Aquarellsorten erhältlich, die ein häßliches Endergebnis liefern. Diese sind an einer unzureichenden, fast milchigen Transparenz zu erkennen, fahlen Farben oder an zu großen Pigmentkörnern, die sich im Wasser nicht vollständig auflösen.

Gute Aquarellfarbe ist nicht so billig, aber weil die Farbe beim Aquarellieren meistens mit viel Wasser verdünnt wird und weil Sie die Farbreste aufbewahren können, reicht ein solches Sortiment lange.

Wenn Sie noch nie aquarelliert haben, sollten Sie sich am besten zuerst ein Lehrsortiment (Studienqualität) anschaffen, mit dem Sie erst eine Weile experimentieren. Danach können Sie dieses Sortiment mit professionellen Farben erweitern.

Eine zweite Möglichkeit ist, mit einem kleinen professionellen Sortiment zu beginnen und dieses langsam zu erweitern.

Bevor Sie Aquarellfarbe kaufen, ist es wichtig, daß Sie sich mit den verarbeiteten Pigmenten beschäftigen. Dadurch können Sie besser bestimmen, welche Farbkombinationen Sie anschaffen möchten.

Diejenigen, die schon aquarellieren, verfügen natürlich über ihr eigenes Farbsortiment. Sie können ihre Erfahrungen an den untenstehenden Angaben überprüfen.

In einem professionellen Sortiment sind, wie schon vorher erwähnt, hochwertige Pigmente verarbeitet.

Wenn Sie diese Aquarellfarbe Farbe für Farbe anschaffen wollen, wird Ihnen auffallen, daß vor allem die Cadmium- und Kobaltfarben (zum Beispiel Cadmiumgelb, Cadmiumorange, Cadmiumrot, Kobaltblau und Kobaltgrün) teurer sind als die meisten der synthetisch gefertigten Pigmente und als die Farben, die aus natürlichen Pigmenten (wie Ocker, Umbra und Siena) zusammengestellt sind.

Hersteller von Kunstfarben führen ihre Aquarellfarben dann auch meist in mehreren Preisgruppen.

Es kommt auch vor, daß eine Farbe in mehreren Zusammenstellungen in ein und dasselbe Sortiment aufgenommen ist. Kobaltblau zum Beispiel gibt es da in einer Sorte, die aus dem kostbaren Kobaltaluminat zusammengesetzt ist und in einer anderen Sorte, die aus dem viel billigeren synthetischen Ultramarin zusammengestellt ist. Cölinblau ist dort aus Kobaltstanat zusammengestellt oder aus dem preiswerteren Kupferphthalozyanin und Titandioxyd gefertigt.

In Lehrfarben – die bedeutend billiger sind als die professionellen – sind keine kostbaren Pigmente wie Cadmium und Kobalt verarbeitet, so daß alle Farben meistens gleich teuer sind. In guten Lehrfarben ergeben die Pigmente aber eine ebenfalls gute Aquarellfarbe, mit denen sicherlich vollwertige Arbeiten erzielt werden können.

Nicht allein die verarbeiteten Pigmente sind wichtig, sondern auch der Lichtechtheitsgrad jeder einzelnen Farbe.

Bei der Anschaffung von Aquarellfarbe ist Ihnen dann auch am besten mit Marken gedient, deren chemische Zusammensetzung wie auch Lichtechtheitsgrad pro Farbe bekannt sind. Auf diese Weise beugen Sie Enttäuschungen vor. Diese Angaben können Sie eventuell beim Hersteller erfragen.

AQUARELLFARBSORTIMENTE Um einen gewissen Überblick über ein gutes Basissortiment zu erhalten, folgen einige Beschreibungen von Aquarellfarben, deren chemische Zusammensetzung und Lichtechtheitsgrad pro Farbe aufgeführt sind.

Achten Sie vor allem auf die Unterschiede zwischen der Studienqualität und der professionellen Qualität und die Unterschiede bei den professionellen Farbsorten untereinander.

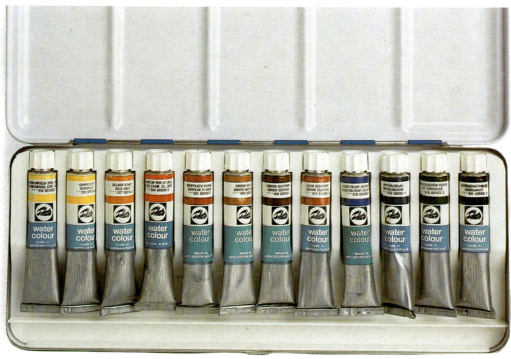

Farbmuster des Rembrandt Aquarellfarben Sortiments.

Talens Aquarellfarben sind ein gutes Studienmaterial

Die Firma Talens Nederland (von der hier einige Sortimente genannt werden) gibt den Lichtechtheitsgrad an mit:

+++ höchster Lichtechtheitsgrad
++ guter Lichtechtheitsgrad
(+ = niedriger Lichtechtheitsgrad – dieser kommt in den Sortimenten von Talens nicht vor).

Sortiment 'Talens Aquarellfarbe'
Tuben 8 ml.

	Farbname	Lichtechtheitsgrad	Zusammensetzung
1	Cadmiumgelb zitrone	+++	AZO-Pigment (=synthetisches Zusammensetzung)
2	Ockergelb	+++	synthetischen Eisenoxyd
3	Gummigutt	++	organisches Pigment
4	Cadmiumrot hell	++	AZO-Pigment
5	Krapplack dunkel	++	synthetischer Krapplack
6	Umbra natur	+++	synthetisches Eisenoxyd
7	Umbra gebrannt	+++	gebrannte Erde
8	Siena gebrannt	+++	gebrannte Erde
9	Kobaltblau	+++	synthetisches Ultramarin + Zinkoxyd
10	Phtaloblau	+++	Kupferphtalocyanin
11	Smaragdgrün (Veridian)	+++	Chromoxydhydrat
12	Elfenbeinschwarz	+++	Verkohlungsprodukt

Rembrandt Aquarellfarbe ist eine professionelle Farbsorte.

Die Farben dieses Sortiments umfassen 4 Preisgruppen, wovon die vierte die teuerste ist. Die Preisgruppen sind hinter dem Lichtechtheitsgrad aufgeführt. Rembrandt Aquarellfarbe ist eine professionelle Farbsorte, in der sowohl teure als auch preiswerte, sehr gute und fein gemahlene Pigmente aufgenommen sind.

Sortiment 'Rembrandt Aquarellfarbe. Tuben und Näpfchen 5 ml.

	Farbname	Lichtechtheitsgrad	Preisgruppe	Zusammensetzung
1	Cadmiumgelb zitrone	+++	4	Cadmiumsulfit
2	Gummigutt	++	2	organisches Pigment
3	Cadmiumrot hell	+++	4	Cadmiumselenide
4	Krapplack dunkel	++	2	synthetischer Krapplack
5	Kobaltblau	+++	4	Kobaltaluminaat
6	Rembrandtblau	+++	3	Kupferphtaloacyanin
7	Smaragdgrün (Veridian)	+++	3	Chromoxydhydrat
8	Ockergelb	+++	1	synthetisches Eisenoxyd
9	Siena gebrannt	+++	1	gebrannte Erde
10	Umbra gebrannt	+++	1	Erde
11	Umbra gebrannt	+++	1	gebrannte Erde
12	Elfenbeinschwarz	+++	1	Verkohlungsprodukt

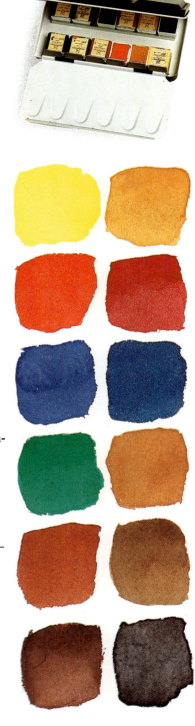

Farben des Aquarellfarbsortiments von Talens

Der Unterschied zwischen Schwarz und Neutralfarbe

Neutralfarbe ist etwas kühler und blauer als Elfenbeinschwarz. So eignet es sich sehr gut, Farben zu dämpfen.

Zwei Vorschläge für die erste Anschaffung

Erste Anschaffung:
8 Farben
Vorschlag: 'Rembrandt' Aquarellfarbe

DER AUFBAU EINES EIGENEN SORTIMENTS
Anstatt ein bestehendes professionelles Aquarellsortiment anzuschaffen, ist es auch möglich, Ihre Serie aus selbstgewählten Farben aufzubauen. Die Tuben und Näpfchen der meisten Firmen sind einzeln erhältlich, ebenso leere Palettenkästen.

Die Anschaffung von Aquarellfarbe in Studienqualität ist finanziell kein Problem.

Möchten Sie sich professionelle Farben anschaffen, könnten Sie das vielleicht in zwei Etappen tun. Nach einiger Überlegung könnten Sie dann beispielsweise acht Farben kaufen. Hiermit können schon sehr viel mehr Mischfarben erzielt werden.

Später können Sie dieses Sortiment auf 12 oder mehr Farben erweitern.

In Zusammenhang mit größeren Mischmöglichkeiten innerhalb dieser ersten acht Farben weicht dieses Sortiment ein wenig von dem vorher erwähnten ab. Dabei sind bei den Cadmium- und Kobaltfarben auch die alternativen, preiswerteren Farbsorten aufgenommen.

Weil die genannte Aquarellfarbe sich auch durch die äußerst fein gemahlenen Pigmente von den Lehrfarben unterscheidet, können Sie so, ohne einen allzu großen Betrag auf einmal auszugeben, doch ein gut brauchbares und professionelles Aquarellsortiment aufbauen.

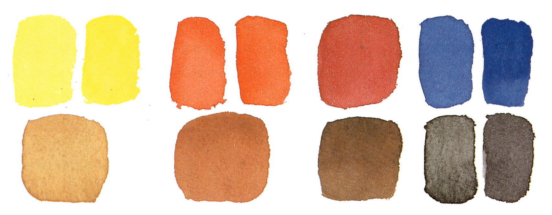

Sortiment 'Rembrandt' Aquarellfarbe
Tuben 5 ml und Näpfchen

	Farbname	Lichtechtheitsgrad	Preisgruppe	Zusammensetzung
1	Cadmiumgelb zitrone	+++	4	Cadmiumsulfit
	oder			
	Talensgelb zitrone	+++	3	AZO-Pigment
2	Cadmiumrot hell	+++	4	Cadmiumsulfit
	oder			
	Talensrot hell	+++	3	AZO-Pigment
3	Krapplack dunkel	+++	2	synthetischer Krapplack
4	Kobaltblau	+++	4	Kobaltaluminat
	oder			synthetisch Ultramarin +
	Kobaltblau	+++	2	Zinkoxyd
5	Ockergelb	+++	1	synthetisches Eisenoxyd
6	Siena gebrannt	+++	1	gebrannte Erde
7	Umbra gebrannt	+++	1	gebrannte erde
8	Elfenbeinschwarz	+++	1	Verkohlungsprodukt
	oder			
	Neutralfarbe	+++	1	Verkohlungsprodukt + Dioxazinpigment

22

Zwei Vorschläge für die zweite Anschaffung: 4 Farben.

Im Sortiment fehlen die Sekundärfarben Orange, Gelb und Violett. Diese Farben können aus den Farbtönen gemischt werden, die Ihr Sortiment umfaßt.

Farbname	Lichtechtheitsgrad	Preisgruppe	Zusammensetzung
9 Cadmiumgelb dunkel	+++	4	Cadmiumsulfit
oder			
Talensgelb dunkel	++	3	AZO-Pigment
10 Ultramarin dunkel	+++	2	synthetisches Ultramarin
11 Ceruleumbleu	+++	4	Kobaltstanat
oder			
Ceruleumblau	+++	2	Kupferphtalocyanin
12 Sepia	+++	1	gebrannte Erde + Verkohlungsprodukt

Durch diese Erweiterung können Sie mehr Farbsorten verwenden (zum Beispiel die verschiedenen Blaus) und Ihr Sortiment bietet noch mehr Mischmöglichkeiten.

Mischmöglichkeiten des Aquarellfarbsortiments mit stark verdünnter Farbe.

Mischmöglichkeiten des Aquarellfarbsortiments mit gering verdünnten Farben

23

PINSEL   Zum Aquarellieren werden hauptsächlich runde, spitze Pinsel benutzt, mit eventuell einem breiten Pinsel als Zugabe. Die Anschaffung eines geeigneten Pinsels ist keine einfache Angelegenheit und erfordert gründliche Information und eine gewisse Portion Fachkenntnis. Aquarellfarbe wird mit einem weichhaarigen, formbeständigen Pinsel auf den Träger aufgetragen. Weil die Pinselhaare während des Vorganges die wäßrige Farbe festhalten können müssen, ist die Qualität des Haars von wesentlicher Bedeutung.

Nur die allerbesten Haarsorten können dabei die sanften Pinselstriche zustande bringen, die für das Aquarellieren so kennzeichnend sind. Manchen Haarsorten fehlt es an der Elastizität und der Möglichkeit, Wasser zu halten – für andere Farbsorten hingegen sind sie wiederum sehr geeignet. Schweinsborsten zum Beispiel sind hartes, störrisches Haar, das sehr für die Arbeit mit Ölfarbe geeignet ist, während die sanften, weichen Marderhaarsorten sich wiederum für das Aquarellieren anbieten.

Es gibt viele Sorten Pinsel, darunter Pinsel, die Echthaar haben und Pinsel, in die Kunsthaare verarbeitet sind. Letztere sind – unter anderem für diejenigen, die aus Umweltschutzüberlegungen Einwände gegenüber dem Gebrauch von Tierhaar haben – eine gute Alternative.

ECHTHAAR   Marderhaar ist der Oberbegriff für viele Haarsorten, die von der Marder- und Wieselfamilie stammen. Dennoch gibt es große Unterschiede zwischen diesen Sorten.

Kolinsky   Der Kolinsky ist ein Marder, der vornehmlich in den Grenzgebieten der Mongolei und der Sowjet-Union vorkommt. Je kälter das Wohngebiet dieses Marders ist, desto blonder, weicher, elastischer und kräftiger ist sein Haar. Diese Tiere leben in einem rauhen Klima, was es schwierig macht, sie aufzuspüren. Man hat versucht, sie zu züchten, aber das war anscheinend kein großer Erfolg.

Früher tötete man Tiere um verschiedene Haarsorten zu bekommen, aber das geschieht schon lange nicht mehr. Es werden natürlich noch immer Tierarten zu diesem Zweck gezüchtet, aber das Haar, das man benutzen will, wird einfach abgeschnitten oder geschoren. Für die Fertigung von Pinseln schneidet man hauptsächlich das Haar am Schwanz oder an den Ohren und das wächst nach einiger Zeit wieder nach.

Die Haare des Kolinsky sind goldblond und laufen meistens in einen dunklen Punkt aus. Dieses sehr kostbare Haar ist die allerbeste Sorte, die zur Pinselherstellung benutzt wird. Es besitzt die größte Elastizität, nimmt das meiste Wasser auf und ist, bei guter Behandlung, sehr langlebig und behält seine Form.

Rotes Marderhaar   Rotes Marderhaar ist ebenfalls eine gute Haarsorte. Es ist, wie der Name schon sagt, meist rot und manchmal an den Spitzen etwas dunkler. Es ist weich und elastisch und wird nur noch vom Haar des Kolinskys übertroffen. Rotes Marderhaar behält seine Form und ist ebenfalls sehr verschleißbeständig.

Marderimitation   Wenn auf einem Pinselgriff angegeben ist 'Marderimitation', kann es aus allerhand Mischungen bestehen. Man benutzt dafür u.a. gefärbtes Rinderhaar oder eine Mischung aus rotem Marderhaar und Rinderhaar. Die Elastizität dieser Pinsel hängt von den verarbeiteten Haarsorten ab.

Iltishaar   Der Iltis gehört zu der Familie der Eichhörnchen und kommt u.a. in Kanada, der Sowjet-Union und Polen vor.

Das Schwanzhaar ist an den Spitzen schwarzbraun (obwohl manche Tiere gerade helle Punkte in den Schwanzhaaren haben), in der Mitte meliert und an der Wurzel grauweiß. Der Iltis liefert weiches, feines Haar, das weniger elastisch als Marderhaar ist, aber die Aquarellfarbe sehr gut hält. Es ist zugleich eine ziemlich teure Haarsorte, wenn auch billiger als Marderhaar. Das Haar ist sehr formbeständig.

Feh-Haar Auch das Haar anderer Eichhörnchensorten wird in Pinseln verarbeitet. Dieses Sorten werden oft unter der Bezeichnung 'Feh-Haar' in den Handel gebracht. Je nach verarbeiteter Haarsorte oder Mischungen kann es braunblau bis graublau in der Farbe sein. Das Haar ist weich, hat aber wenig Elastizität und verliert auch relativ schnell seine Form.

Rinderhaar Die beste Rinderhaarsorte wird aus der Innenseite der Ohrmuscheln von Kühen geschnitten, wo es sehr lang sein kann. Auch dieses Haar wächst wieder nach. Im allgemeinen sind blonde Haare qualitativ besser als dunkle.

Das Haar ist weich und biegsam und ist weniger elastisch, verschleiß- und formbeständig als die Marderhaarsorten. Trotzdem sind gute Qualitäten eine brauchbare Alternative für breite Pinsel wie Gussow und Spalter.

Ziegenhaar Ziegenhaar kann weiß oder schwarz sein und stammt vom Fell von Ziegen aus Südost-Europa und China. Diese Tiere werden speziell wegen des Haares gezüchtet. Das Haar wird unter anderem in den bekannten chinesischen Pinseln und in Firnispinseln verarbeitet. Das Haar der chinesischen Pinsel, das in einem Bambusgriff gefaßt ist, mündet in einer Spitze. Diese Pinsel sind im allgemeinen nicht teuer und gut für das Aquarellieren zu gebrauchen.

Mit breiten chinesischen Spaltern können große wäßrige Farbflächen aufgetragen werden. Das Haar hält ziemlich gut das Wasser, ist aber weniger elastisch und weniger form- und verschleißbeständig als andere Haarsorten. Ziegenhaar wird manchmal schwarz gefärbt, kann aber auch meliert sein.

KUNSTSTOFFASERN

Filament Eine Alternative zu den Echthaarsorten ist Filament, eine Polyesterfaser, die Mitte der siebziger Jahrer in Japan entwickelt wurde.

Von links nach rechts:

Spitze Pinsel mit Kolinsky-Haar sind die Krönung.

Spitze Pinsel mit rotem Marderhaar.

Breite Pinsel des Gussow-Modells mit Iltishaar.

Die Haare dieser breiten Pinsel bestehen aus weichen Kunststoff-Fasern.

Dieser chinesische Bambuspinsel mit gemischtem Haar hat zwei Haarbüschel.

DIE FERTIGUNG VON PINSELN Ein guter Pinselmacher weiß die Eigenschaften jeder Haarsorte in der richtigen Weise zu nutzen. Vor allem sehr kostbare Haarsorten wie die des Kolinsky und des roten Marders erfordern eine sorgfältige Behandlung.

Nach dem Schneiden der Schwanzhaare werden diese von den Wollhaaren befreit, so daß nur noch wenig Haar übrig bleibt. (Um einen Pinsel mit einigermaßenem Volumen machen zu können, sind mehrere Schwänze nötig.)

Dann wird das Haar abwechselnd besprüht und erhitzt, womit erreicht wird, daß das natürliche Haarfett jedes einzelne Haar schützt.

Danach wird es genauestens nach Länge aussortiert. Je länger das im Pinsel verarbeitete Haar ist, desto höher ist der Preis.

Der Pinselmacher bindet das Haar zu genau eingeteilten Bündelchen ab, die in einem speziellen Kasten durch Stöße in Form gebracht wurden.

Bei teureren Sorten wird das Haar gezwirbelt, wodurch die innersten Haare im Büschel höher zu liegen kommen und eine sehr feine Spitze entsteht. Das Haar wird gebündelt und mit einem speziellen Leim in der Hülse befestigt.

Dort wo das Haar das größte Volumen hat, besitzt es die größte Elastizität. Dieser Punkt

Die Schwanzhaare werden sorgfältig abgeschnitten.

Die abgeteilten Haarbüschel werden Stück für Stück abgebunden.

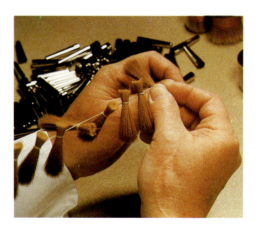

Die Haare werden in einem speziellen Kasten durch Stöße in Form gebracht.

Die Haarbüschelchen werden in einer Pinselhülse mit einer speziellen Leimsorte befestigt.

befindet sich genau über der Hülse.

In diesem sogenannten 'Bauch' wird das meiste Wasser gehalten, was beim Aquarellieren sehr wichtig ist.

DIE NUMERIERUNG DER PINSEL Pinsel sind mit Nummern versehen, die die Dicke des Haarbüschels angeben. Für manche Pinselsorten werden hierfür die geraden Zahlen angegeben, zum Beispiel von 2 bis 24 – bei anderen werden aufeinanderfolgende Zahlen benutzt, also von 1 bis 12 oder 24.

Außerdem werden noch ganz spezielle Pinselchen für Miniaturmalerei gefertigt, deren Feinheit mit einer bis zu mehreren Nullen angegeben wird.

Je niedriger die Nummer, desto dünner sind die Haarbüschel.

Bei den einzelnen Herstellern kann jedoch die Breite eines Pinsels mit ein und derselben Nummer ziemlich verschieden sein. Einen Pinsel, der viel dünner ist, als Sie von einer bestimmten Nummer erwarten dürften, sollten Sie nicht kaufen. Wenn Sie sich einen teuren Pinsel zulegen, sollten Sie auch einen entsprechenden Gegenwert für Ihr Geld erhalten.

DIE ANSCHAFFUNG VON PINSELN Wenn Sie Pinsel zum Aquarellieren kaufen wollen, müssen Sie berücksichtigen, daß:

– professionelle Pinsel bei einer zuverlässigen Adresse gekauft werden sollten, wo man Sie fachkundig beraten kann.

– die Spitze des Pinsels schön zulaufen muß, keine hervorstehenden, beschädigten Haare haben darf. Auch darf das Haar nicht zu einer Spitze geschnitten und geschoren sein.

– ein oder zwei runde Pinsel und ein breiter, gerade geschnittener Pinsel vorläufig völlig ausreichen, um gute Aquarelle zu machen.

– Sie mehr von einem einzigen sehr guten, nicht zu dünnen Pinsel haben, als von verschiedenen Pinseln, die eigentlich nicht so gut zum Aquarellieren geeignet sind.

– Sie mit einem etwas dickeren Pinsel mit einer sehr feinen Spitze sowohl sehr feine Linien als auch große Flächen malen können.

Vorschläge für die erste Anschaffung:

– Ein Wasserfarbenpinsel, mit einer guten Haarsorte oder Filament ausgestattet, Nr. 12 oder Nr. 8 und 12.

– Ein breiter, gerade geschnittener Pinsel einer ziemlich guten Haarsorte oder Filament (Gussow Modell) Nr. 16.

– Ein Spalter aus weichem Rinder- oder Ziegenhaar oder aus einem weichem Kunststoff. Diesen benötigen Sie für das Befeuchten des Aquarellpapiers und das Auftragen großer Farbflächen.

Für ein Basissortiment sind nur wenige Pinsel nötig.

Pinsel mit derselben Nummer können sich im Volumen unterscheiden.

AQUARELLPAPIER UND CANVASBOARD

PAPIER Ursprünglich wurde Papier hergestellt um darauf zu schreiben, aber sehr bald machte man auch Illustrationen darauf. Später wurde Papier auch als Träger für Kunstäußerungen benutzt.

Im Altertum – ca. 4000 Jahre v.Chr. – machte man bereits 'Papier' aus Papyrus. Die langen Stengel der Papyruspflanze, die vor allem in Ägypten verbreitet ist, wurde dafür der Länge nach halbiert und die enstandenen Streifen wurden nebeneinander gelegt, bis die gewünschte Oberfläche erreicht war. Darauf wurde dann eine zweite Lage quer geleimt. Der entstandene Bogen wurde gepreßt, getrocknet und geglättet.

Später übernahm man in vielen anderen Länder die Nutzung des Papyrus. Im 6. Jahrhundert n.Chr. wurde es zum Beispiel auch schon in Griechenland verwendet.

Inzwischen entstand ein anderes Verfahren, nämlich 'Pergament' und um das 2. Jahrhundert n.Chr. begann das Pergament langsam das Papyrus zu verdrängen. Der Name 'Pergament' ist von der Stadt Pergamum in Klein-Asien abgeleitet, wo das Pergamentverfahren entwickelt wurde. Pergament wurde aus gegerbten Schweins-, Kalbs- und Eselshäuten angefertigt. Die Häute wurden auf beiden Seiten abgeschabt, poliert und in der Regel mit Kreide und Bimsstein aufgehellt.

Den Chinesen haben wir die Erfindung des Papiers, wie wir es kennen – wenn auch in anderer Form – zu verdanken. Ein gewisser Ts'ai Lun schöpfte ungefähr 105 n.Chr. den ersten Bogen Papier. Für dieses Verfahren benutzte er die Methode, die er Nomaden bei der Herstellung von Filz hatte anwenden sehen. Ts'ai Lun machte mit Wasser einen Faserbrei aus Bast des Maulbeerbaums, alten Fischernetzen und Tau. Der entstandene Faserbrei wurde auf ein Bambussieb gegossen und in der Sonne getrocknet.
Man könnte sagen, daß dies der erste Bogen 'geschöpftes' Lumpenpapier war.

1405 wurde in den damaligen Niederlanden in Huy (heute Belgien), die erste Papierfabrik gegründet, während in den Niederlanden 1586 die erste Papiermühle in Betrieb genommen wurde.

Reines Lumpenpapier, an den vielen kleinen Fädchen in der Papierlage erkennbar, ist sehr kostbar geworden und wird hauptsächlich nur noch bei der Herstellung von Wertpapieren und Dokumenten verwendet.

Aber es wird noch immer Lumpen enthaltendes Papier für Zeichen- und Malzwecke hergestellt, jedoch ist es meist nicht aus 100% Lumpen gemacht. Papier, das 60% oder mehr Lumpen beinhaltet, darf sich jedoch Lumpenpapier nennen.

Heutzutage gibt es verschiedene Sorten Papier, die aus veschiedenen Rohstoffen hergestellt werden, unter anderem Holzschliff, Holzstaub, Stroh, Gräsern, Lumpen und Zellstoff (Zellulose).

Papier hat Leim als Bindemittel und enthält u.a. Talkum, Kaolin (Porzellanerde) und Kalziumsulfat, um es weniger durchscheinend zu machen.

Gefärbtes Papier enthält Farbstoffe, deren Reinheit und Lichtechtheit für die Qualität bestimmend sind.

Man unterschiedet holzfreies und holzhaltiges Papier. Holzfreies Papier ist langlebiger als holzhaltiges Papier, das ziemlich schnell vergilbt.

DAS GRAMMGEWICHT DES PAPIERES Die Papierstärke wird in Gramm angegeben. Dieses Grammgewicht wird pro Quadratmeter berechnet (10 000 cm^2).

Zum Beispiel: Wenn ein Bogen von 50 x 50 cm von einer Papiersorte mit einem Gewicht von 180 Gramm stammt, heißt das nicht, daß der Bogen 180 Gramm wiegt. Das Papier wiegt nur ein Viertel davon, also 45 Gramm. Unabhängig von den Maßen gibt man aber immer das Grammgewicht eines Quadratmeters an.

AQUARELLPAPIERSORTEN Zum Aquarellieren wird spezielles Papier hergestellt, das stark geleimt ist. Ein qualitativ gutes Aquarellpapier ist immer holzfrei. Holzstaub würde das Papier nämlich zu porös machen und es auch zu schnell vergilben lassen.

Das Papier ist in verschiedenen Grammgewichten erhältlich. Das Gewicht differiert von 160 bis sogar 850 Gramm pro Quadratmeter. Das 850 Gramm-Papier wird auch 'Aquarellkarton' genannt.

Während der Fertigung wird in die Papieroberfläche eine Pressung eingebracht, die dem Papier eine grobere oder feinere Struktur verleiht. Da Aquarellfarbe transparent ist, bleibt diese Struktur in den Farbschichten sichtbar. Das darauffallende Licht wird vom Papier zurückgeworfen und gibt der Farbe dadurch eine lebendige Glut.

dunstet, schrumpft das Papier wieder. Indem das Papier aber an den Rändern festgehalten wird, kann es nicht weg und zieht sich wieder ganz straff. An einem der Ränder ist eine Aussparung sichtbar, wo kein Leim angebracht ist. Wenn das Aquarell gut getrocknet ist, wird der Bogen von diesem Punkt aus mit einem nicht zu scharfen, flachen Gegenstand vom Block abgeschnitten.

Ein Bogen leichtes Aquarellpapier muß aus den erwähnten Gründen an den Rändern auf einer Werkbank befestigt werden, bevor die Malerei aufgetragen wird. Siehe dazu 'Das Aufspannen des Aquarellpapieres' (Seite 34). Schweres Aquarellpapier kann mit flachen Reißbrettstiften auf der Arbeitsfläche festgemacht werden. Es wird sich kaum dehnen und zieht sich nach dem Trocknen wieder ganz flach zusammen. Wird aber sehr viel Wasser benutzt, empfiehlt es sich, es doch zu spannen.

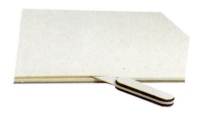

Die Papierbögen auf einem Block sind miteinander verleimt. Um sie lösen zu können, hat man eine freie Ecke gelassen.

Aquarellpapier ist in verschiedenen Pressungen erhältlich.

Es gibt Aquarellpapier in Weiß, gebrochenem Weiß unt verschiedenen anderen Farbtönen. Letztere werfen weniger Licht zurück. Außerdem wird die transparente Farbe von einer Papierfarbe beeinflußt, da die Farbe und die Papierfarbe sich optisch vermischen. In der Regel werden meistens ungefärbte Papiersorten verwendet.

Aquarellpapier ist bogenweise und in Blockform in verschiedenen Formaten erhältlich. Die Blätter der Aquarellblöcke sind an den Rändern miteinander verleimt. Das Wasser aus der Farbe wird nämlich teilweise in das Papier aufgesogen, so daß Dehnung im Papier entsteht. Dadurch wirft es sich an manchen Stellen auf. Wenn das Wasser ver-

CANVASBOARD Canvasboard besteht aus festem Karton, der mit Baumwoll-Leinwand bezogen ist. Die Leinwand ist danach mit einer Universal-Grundierfarbe (einer Grundierfarbe, die kein Öl enthält) behandelt worden. So ist es ein guter, solider Träger für das Auftragen eines Aquarells geworden.

Gegebenenfalls kann die Oberfläche mit etwas Wasser und reiner Seife oder etwas verdünntem Ammoniak fettfrei gemacht werden, so daß die Aquarellfarbe optimal haften kann. In beiden Fällen muß die Oberfläche mit klarem, lauwarmem Wasser abgewischt werden.

Canvasboard ist mit Baumwoll-Leinwand bespannt.

PALETTEN

Ein Sortiment Aquarellfarben ist meistens in einem lackierten Metall- oder Kunststoffkasten verpackt, die schon als Palette vorgeformt ist. An der Unterseite kann ein Ring befestigt oder eine Aussparung angebracht sein, durch die man den Daumen stecken kann, so daß die Palette auf der Hand im Gleichgewicht bleibt.

Einen Palettenkasten kann mit einer speziellen Vorrichtung in Gleichgewicht gehalten werden.

Kauft man einzelne lose Tuben oder Näpfchen, ist es notwendig, eine Wasserfarbenpalette anzuschaffen. Eine Wasserfarbenpalette hat immer kleine Aussparungen in Form von kleinen Wölbungen, in die Tubenfarbe gefüllt wird. Sie sind in verschiedenen Ausführungen erhältlich. Es gibt Paletten aus Metall, Kunststoff und Porzellan in verschiedenen Formen. Für denjenigen, der viel im Freien arbeitet, ist ein Palettenkasten sehr nützlich. Die Tubenfarbe kann dort hineingegeben werden, während die Reste, die nach dem Arbeiten übrigbleiben, nicht entfernt werden müssen. Die Farbe ist immer wieder neu zu benutzen. Außerdem ist ein Kasten verschließbar, was Verunreinigungen verhindert, und er kann einfach transportiert werden.

Wer sich einzelne Blöckchen oder Näpfchen zulegt, kauft am besten einen leeren Palettenkasten, der für die betreffende Farbsorte hergestellt wird. Sie passen gut zwischen die dafür gedachten Klemmen, was das Arbeiten erleichtert.

Auch diese Kasten sind schon in Palettenform ausgeführt. Es sind kleine und größere Kasten erhältlich. Wenn möglich, schaffen Sie sich ein größeren Kasten an, so daß Sie Platz übrigbehalten, Ihr Aquarellfarbsortiment zu erweitern.

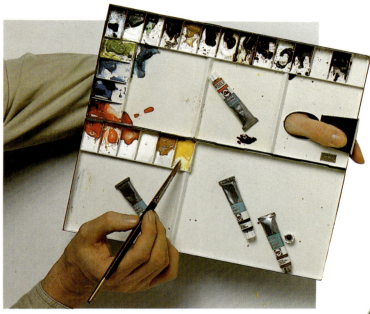

Wasserfarbpaletten enthalten kleine Einbuchtungen, in die die Farbe gegeben wird.

Aquarellfarbsorten sind meistens in einem Palettenkasten verpackt.

DIE ARBEITSPLATTE

Wenn Sie Aquarelle auf einem Aquarellblock ausführen wollen, brauchen Sie keine extra Arbeitsplatte. Der Block ist bereits mit einem festen Karton versehen und die Blätter sind miteinander verleimt, so daß Aufspannen nicht mehr erforderlich ist. Einzelne Bögen Aquarellpapier machen jedoch eine Arbeitsplatte erforderlich, auf die das Papier gespannt werden kann.

Arbeiten Sie auch im Freien, ist es ratsam, sich ein großes und ein kleines Format anzuschaffen, so daß Sie nicht immer gezwungen sind, eine große Platte zu transportieren. Wählen Sie also zwei Papierformate, mit denen Sie arbeiten möchten, beispielsweise einen ganzen und einen halben oder einen viertel Bogen, und lassen Sie sich die Platten ca. 10 cm länger und breiter zuschneiden. So bleibt um das Papier herum genug Platz über, um es auf dem Brett zu befestigen. Schmirgeln Sie die Ränder der Bretter ganz glatt und versehen Sie beide Seiten mit zwei Schichten kreuzweise aufgetragener Universal-Grundierfarbe (zum Beispiel Gesso). Die Arbeitsplatten werden dadurch wasserfest und das Holz kann keine braunen Flecken auf dem Papier hervorrufen.
(Wird ein Aquarell von der Arbeitsplatte geholt, bleiben die Klebebandreste haften. Diese müssen dann enfernt werden, z.B. mit einem großen Palettenmesser.)

Wischen Sie die Arbeitsplatten regelmäßig mit lauwarmem Wasser und etwas reiner Seife ab und waschen Sie mit klarem Wasser nach.

DIE STAFFELEI

Im allgemeinen wird die Arbeitsplatte zum Aquarellieren ein wenig schräg gestellt. Im Haus sind dazu ausreichende Möglichkeiten zu finden. Im Freien können Sie eine kleinere Platte auf die Knie legen. Ein größeres Brett kann aber am besten auf eine Feldstaffelei gestellt werden.

Für diesen Zweck sind Holz- und Metallstaffeleien erhältlich. Die Holzstaffeleien sind größtenteils aus Buchenholz hergestellt, einer langlebigen Holzart. Im allgemeinen ist eine

Der Leinwandträger einer Feldstaffelei muß zum Aquarellieren waagerecht gestellt werden können.

Staffelei aus Aluminium preiswerter als eine aus Holz und zudem ein ganzes Stück leichter. Für das Aquarellieren muß der Leinwandträger aber auch waagerecht gestellt werden können. Die Staffelei muß stabil genug sein, die Arbeitsplatte tragen zu können. Die Füße sind höhenverstellbar und meist mit Metallstiften versehen, die man in den Boden drücken kann, um die Staffelei stabiler zu machen. Feldstaffeleien sind immer zu einem kleinen 'Päckchen' zusammenklappbar.

Wenn Sie sich daranmachen, eine Aquarellstaffelei anzuschaffen, kaufen Sie eine von guter Qualität, denn mit zu leichten, billig ausgeführten Staffeleien ist das Arbeiten sehr schwierig.

DAS WASSER

Aquarellfarbe wird mit Wasser verdünnt, wodurch die Farbe viel heller und transparenter wird.

Häufig enthält Leitungswasser viel Kalk oder Eisen. Das kalkhaltige Wasser kann der

Spülgefäß aus Metall mit Pinselhalter.

Farbe einen fahlen Film verleihen, während vom Eisen braune Flecken auf dem Aquarellpapier entstehen.

Stark kalkhaltiges Wasser muß erst abgekocht werden. Wenn das Wasser abgekühlt ist, wird die oberste Schicht vorsichtig durch eine Kaffeefiltertüte in eine Flasche abgegossen. Danach ist das Wasser gut zu gebrauchen. Stark eisenhaltiges Wasser kann mittels Holzkohlefilter gereinigt werden, aber man kauft in diesem Fall besser destilliertes Wasser. Kalkhaltiges Wasser erkennt man am Kalkniederschlag, der nach dem Kochen im Topf zurückbleibt, während eisenhaltiges Wasser an seinem Geschmack auszumachen ist.

Ergänzendes Zubehör

Wassertöpfchen Zum Aquarellieren werden zumindest zwei Wassertöpfchen benötigt. Sie können das eine zum Ausspülen der Pinsel benutzen, und das andere zum Verdünnen der Aquarellfarbe.

Es gibt sogar Aquarellisten, die mit drei Wassergefäßen arbeiten. Eines wird dazu benutzt, die Farbe zu verdünnen; das zweite dazu, die Pinsel auszuspülen – außer, wenn sie gelbe Farbe haben; und das dritte wird ausschließlich zum Ausspülen der Pinsel mit gelber Farbe gebraucht. Auf diese Weise kann das Spülwasser der übrigen Farben das Gelb nicht beeinflussen, so daß diese Farbe stets ihre Helligkeit behält.

Obschon Sie hier Marmeladengläser und für das Malen im Freien, Kunststofftöpfchen benutzen können, sind diverse Wassergefäße für das Aquarellieren im Handel.

Das einfachste ist ein ziehharmonika-ähnliches Kunststoffeimerchen, daß zusammengedrückt werden kann, damit es wenig Platz einnimmt.

Glastöpfchen mit einem Zwischenboden haben den Vorteil, daß man das klare Wasser vom Spülwasser getrennt halten kann, während man nur ein einziges Gefäß benutzt.

Das praktischste ist ein Metallgefäß, an dem ein Pinselhalter befestigt werden kann. Es ist mit einem Sieb versehen, so daß die zum Boden abgesunkenen Pigmentteilchen beim Ausspülen des Pinsels nicht immer aufgewühlt werden. Das Wasser bleibt so lange sauber. Das waagerecht liegende Stäbchen dient dazu, überschüssige Feuchtigkeit der Pinselhaare abzustreifen. Auch dieses Wassergefäß ist auseinanderzunehmen und nimmt nur wenig Platz in Anspruch.

Diese luxuriöseren, verschließbaren Wassertöpfchen funktionieren nach dem gleichen Prinzip. Auch sie sind mit einem Sieb und einem Abstreifstäbchen ausgestattet. Ein Gummiring im Deckel verhindert Auslaufen. Diese Töpfchen sind vorzüglich für das Malen im Freien geeignet.

Verschließbare Wassertöpfchen sind praktisch bei der Arbeit im Freien.

Ziehharmonika-ähnliche Wassereimerchen können zu einem kleinen Päckchen zusammengedrückt werden.

Ein Glastöpfchen mit einem Zwischenboden separiert das Spülwasser.

OCHSENGALLE Es kann vorkommen, daß die Aquarellfarbe nicht gut auf dem Träger haftet, wodurch die Farbe 'perlt' (sich zusammenzieht). Das Papier ist dann vielleicht ein bißchen fettig. Dem können Sie abhelfen, indem Sie den Träger mit einem Baumwolltüchlein mit ein wenig Ochsengalle abwischen. Ochsengalle, die früher aus der Galle von Kühen hergestellt wurde, ist heute synthetisch und hat entfettende Eigenschaften. In Spezialgeschäften für Künstlerbedarf ist sie in kleinen Flakons erhältlich.

Es ist auch möglich, daß Ihr Pinsel fettig ist. Spülen Sie die Pinsel dann in lauwarmem Wasser aus, dem Sie ein paar Tropfen Ochsengalle zugefügt haben. Versuchen Sie, das Fettigwerden Ihrer Materialien zu verhindern, indem Sie so wenig wie möglich mit den Händen über das Papier streichen, zum Beispiel wenn Sie eine Zeichnung auftragen oder ausradieren. Hautfett kann ebenfalls das Perlen der Farbe verursachen. Aus demselben Grund dürfen Sie das Wasser nicht mit den Fingern aus dem Pinsel drücken, sondern müssen die Haare am Wassertöpfchen abstreifen oder an einem Schwämmchen abtupfen.

KLEBEBAND Aquarellpapier nimmt während des Aquarellierens das Wasser aus der Farbe auf, weswegen es Falten werfen kann.

Um das zu verhindern, muß das Papier mit Klebeband an der Arbeitsplatte befestigt werden. Dafür ist spezielles Papierklebeband erhältlich. Dieses besteht aus säurefreiem, gummiertem Papier, dessen Klebegummi das Aquarellpapier nicht beschädigt.

SCHWÄMMCHEN Weil Aquarellfarbe oft mit viel Wasser verarbeitet wird, ist es ab und zu nötig, das überschüssige Wasser aufzunehmen. Läppchen und Löschpapier hinterlassen kleine Textilfasern in der Farbe.

Besser ist es, einen Natur- oder Viskoseschwamm in Stücke zu schneiden und diese für die Arbeit bereitzulegen. Sie können sie leicht ausspülen und sie lassen keine Restchen in der Farbe zurück.

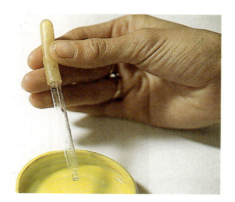

DIE PIPETTE Eine Pipette ist ein praktisches Hilfsmittel um das Wasser, was der Aquarellfarbe beigemischt werden muß, sorgfältig zu dosieren. Man bekommt sie in der Drogerie oder der Apotheke.

AQUARELLFIRNIS Ob Sie ein Aquarell firnissen ist Ihre persönliche Entscheidung. Wirklich notwendig ist es aber nicht, obwohl Aquarellfarbe nicht wasserfest ist und eine Firnisschicht zusätzlichen Schutz gibt. Talens Aquarellfirnis enthält farblose, nicht vergilbende Kunstharze, die in flüchtigen Lösungsmitteln, unter anderem Terpentin, gelöst sind. Der Firnis verändert das Aquarell, das eine natürliche Mattheit besitzt, kaum. Er trocknet innerhalb weniger Stunden. Sie können ein Aquarell auch mit einem Universal-Protecting-Spray (Talens) firnissen. Dieses Spray ist u.a. ebenfalls zum Firnissen von Holzkohle-, Ölpastell-, Softpastell- und Gouachezeichnungen und Gemälden geeignet. Das Spray besteht aus farblosen, nicht vergilbende Acrylharzen in einem schnell verdampfenden Lösungsmittel. Es verleiht dem Aquarell einen sanften Glanz und macht die Farbe ein wenig transparenter, allerdings auch etwas dunkler im Ton. Es enthält unschädliches Treibgas. Das Spray ist leicht entzündlich.

Das Zugeben des Wassers wird mit einer Pipette dosiert.

Mit Ochsengalle können Papier und Farbe entfettet werden.

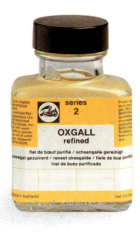

Aquarellfirnis ist farblos und in Fläschchen erhältlich.

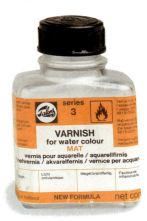

DAS AUFSPANNEN DES AQUARELLPAPIERES

Aquarellpapier nimmt beim Aquarellieren Feuchtigkeit aus der Farbe auf. Dadurch entsteht im Papier eine Dehnung. Je mehr Wasser die Farbe enthält, desto größer wird diese Dehnung sein. Wenn das Aquarellpapier nicht schwer genug ist, wird es sich beim Trocknen nicht mehr glatt ziehen. Deshalb muß es zuvor aufgezogen werden.

Papierbogen mit einem Grammgewicht über 250 Gramm pro Quadratmeter sind schwer genug, dem Wasser, das beim Aquarellieren aufgenommen wird, zu widerstehen. Beim Trocknen wird es sich wieder glattziehen.

I Das Aquarellpapier wird in einem Wassergefäß eingeweicht, so daß es seine äußerste Dehnbarkeit erreicht.

II Zwischen absorbierendem Papier kann die überschüssige Feuchtigkeit aufgenommen werden.

III Kleben Sie zuerst den oberen und den unteren Rand des Papieres auf der Arbeitsplatte fest.

IV Kleben Sie danach den rechten und den linken Rand des Papieres fest.

Erforderliches Material:

- ein Bogen Aquarellpapier
- zwei Bogen Blanko-Zeitungspapier oder eine andere saugfähige Papiersorte
- eine gute Arbeitsplatte
- eine Rolle säurefestes Klebeband
- ein Gefäß mit Wasser oder ein kleines Wassergefäß mit einem Schwamm.

ARBEITSWEISE:

Das aufzuspannende Aquarellpapier wird zuerst in einen Wasserbehälter gelegt, so daß es sich vollsaugen kann. Achten Sie darauf, daß es genug Platz im Wasser hat, daß keine Knicke und Falten im Papier entstehen. Sie können dazu eine Spülschüssel, einen kleinen Kübel, einen Foto-Säurebehälter oder auch ein Tablett mit hochstehendem Rand verwenden.

Sollten Sie keinen dieser Gegenstände zur Verfügung haben, legen Sie den Bogen Aquarellpapier auf eine Arbeitsplatte und machen ihn auf beiden Seiten mit dem Schwamm gut naß. Wiederholen Sie das mehrere Male.

Wenn das Papier sich mit Wasser vollgesogen hat, fühlt es sich schlaff an.

Nehmen Sie es aus dem Wassergefäß und lassen Sie es kurz abtropfen. Fassen Sie es vorsichtig an, denn es reißt nun sehr leicht ein. Legen Sie es zwischen zwei Bögen saugfähiges Papier und reiben Sie vorsichtig darüber, damit die Bogen das Wasser aufnehmen. Legen Sie Ihren Bogen Aquarellpapier danach in die Mitte Ihrer Arbeitsplatte. Kleben Sie ihn mit langen Streifen Klebeband auf der Arbeitsplatte fest. Tun Sie dies so, daß nur ein Drittel des Klebebandes Ihr Papier bedeckt. Kleben Sie zuerst zwei einander gegenüberliegende Seiten fest, und dann die anderen beiden. Streichen sie dabei das Papier so glatt wie möglich.

Wenn das Papier mit Wasser vollgesogen ist, hat es seine größte Dehnung erreicht. Wenn es trocknet, wird es sich wieder zusammenziehen, aber das Klebeband hält es an seinem Platz. Dadurch wird es sich spannen und liegt glatt auf der Arbeitsplatte.

Lassen Sie beim Trocknen die Arbeitsplatte waagerecht liegen, damit das Papier gleichmäßig trocknet. Wenn Sie die Arbeitsplatte aufstellen, sackt das Wasser nach unten und es können sich Falten im Papier bilden. Das kann auch passieren, wenn Sie das Papier – um es schneller trocknen zu lassen – in die Nähe einer Wärmequelle bringen. Es ist immer besser, das Papier auf natürliche Weise trocknen zu lassen.

DAS ANSETZEN EINER AQUARELLPALETTE

Aquarellfarbe in Tuben muß vor dem Malen auf einer Palette angesetzt werden.

Weil diese Farbe auch nach dem Eintrocknen weiterhin zu verarbeiten ist, empfiehlt es sich, alle Farben, die Sie haben, auf die Palette aufzubringen, auch wenn Sie sie am Anfang nicht alle verwenden.

Es ist nämlich am einfachsten, wenn jede Farbe ihren Platz auf der Palette erhält, damit Sie beim Aquarellieren blind eine bestimmte Farbe wiederfinden können.

Wenn Sie Rechtshänder sind, werden Sie die Palette mit der linken Hand halten. Setzen Sie in diesem Fall Ihre Farbreihe von links nach rechts an, wobei Sie mit der hellsten Farbe beginnen.

Die Linkshänder unter Ihnen werden die Palette in die Rechte nehmen. Für sie arbeitet es sich leichter, wenn die Farben von rechts nach links angesetzt werden, wobei ebenfalls von der hellsten Farbe ausgegangen wird.

Sollten Sie mit einem kleinen Farbsortiment beginnen, dann halten Sie beim Ansetzen der Palette Platz für die Farben frei, die Sie demnächst noch hinzukaufen wollen.

Wenn Sie mit Farbnäpfchen oder -töpfchen arbeiten, die bereits in einer bestimmten Reihenfolge im Palettenkasten angeordnet sind, ist es meistens möglich, diese Reihenfolge nach eigenem Gutdünken abzuändern. Die Näpfchen und Blöckchen sind nämlich herausnehmbar.

Es ist üblich, die Farben von Hell nach Dunkel auf der Palette anzubringen, wobei von der Reihenfolge der Spektralfarben ausgegan-

gen wird. Das heißt: Rot, Orange, Gelb, Grün, Blau und Violett, eventuell Weiß am Anfang.
Daran anschließend folgen die Brauntöne und Schwarz. Eine andere Möglichkeit ist, die Braunfarben ihrem Farbeindruck entsprechend zwischen die Spektralfarben einzureihen und die Reihe mit Schwarz abzuschließen. Bei dieser Vorgehensweise werden dann Ockergelb und Umbra Natur bei den Gelbs angebracht: Gebranntes Siena bei den Rottönen und Gebranntes Umbra neben dem Schwarz.

Eine übliche Farbfolge für das Ansetzen einer Aquarellpalette.

Die Brauntöne können auch zwischen die Spektralfarben eingeordnet werden.

AQUARELLTECHNIKEN

Obwohl beim Aquarellieren öfters mehrere Techniken angewendet werden, kann man doch grundsätzlich ein 'trockenes' und ein 'nasses' Aquarell unterscheiden. Wie schon an den Bezeichnungen erkennbar, werden sie auf trockenem bzw. nassem Papier ausgeführt.

Dafür bestehen verschiedene Möglichkeiten.

Die direkte Aquarelltechnik
Bei dieser Technik kommen die Mischfarben durch das Vermischen der Farbtöne zustande. Das kann vorher auf der Palette geschehen (wonach dann die Farben auf das Papier aufgetragen werden), oder mittels des Anbringens mehrerer Farben in noch nassen, bereits aufgetragenen Farbflächen. Diese Technik kann sowohl auf nassem wie auch auf trockenem Papier angewendet werden.

Die Lasurtechnik
Bei der Lasurtechnik wird immer eine Farbschicht auf eine schon getrocknete Farbfläche auf dem Papier aufgetragen. Dadurch entstehen Farbveränderungen. Die Farbe vermischt sich also nicht, sondern durch die transparenten Farbschichten entsteht ein optischer Farbton. Diese Technik kann nur auf trockenem Papier ausgeführt werden.

Die Fließtechnik
Bei der Fließtechnik fließen die auf das Papier aufgetragenen Farben ineinander und vermischen sich. Um auf trockenem Papier ein Fließen der Farbe zu erreichen, muß die Farbe stark mit Wasser verdünnt werden. Man kann das Papier auch stellenweise mit Wasser anfeuchten. Beim Aquarellieren auf nassem Papier werden immer Fließmischungen entstehen.

EXPERIMENTIEREN

Um die Eigenschaften von Aquarellfarbe, Pinseln, Papier und Techniken kennenzulernen, müssen Sie eine ganze Menge ausprobieren, bevor Sie zu malen anfangen. Indem Sie Materialproben erstellen, können Sie die verschiedenen Möglichkeiten und Fingerfertigkeiten üben und festhalten.

Wenn der erste Bogen Papier, den Sie aufgespannt haben, trocken ist, können darauf sofort Versuche gemacht werden. Sie müssen sie immer auf einem qualitativ guten Papier ausführen, so daß Sie den richtigen Eindruck von den Möglichkeiten, die das Aquarellieren Ihnen bietet, bekommen.

Bewahren Sie alle Materialversuche auf und schreiben Sie dazu, wie Sie zu den entstandenen Effekten und Farbmischungen gekommen sind. So tragen Sie wertvolle Informationen zusammen, auf die Sie stets zurückgreifen können.

Führen Sie die Materialversuche auf mindestens zwei sehr unterschiedlichen Papiersorten aus, damit Sie die verschiedenen Effekte studieren können. Dabei finden Sie gleichzeitig heraus, welche Papiersorte Sie bevorzugen.

Eine andere Möglichkeit ist, zwei Bögen Aquarellpapier mit verscheidenen Strukturen in ungefähr acht Stücke zu schneiden um darauf Materialversuche durchzuführen. Dieses kleine Format muß dann nicht vorher aufgespannt werden. Eventuelle Faltenbildung sind in diesem Fall nicht von großer Bedeutung.

Materialproben und Techniken I

Materialprobe I

HANDHABUNG DES PINSELS   Wasserfarbpinsel können auf unterschiedliche Weise gehandhabt werden. Dafür gelten einige Grundregeln:
- Halten Sie den Pinsel locker und betrachten Sie ihn als Verlängerung Ihrer Hand.
- Vermeiden Sie jegliche Verkrampfung und fassen Sie deshalb den Pinsel nicht unmittelbar über den Haaren an, sondern ein Stück weiter oben.
- Die lockerste Handhabung kommt zustande, wenn Sie den Stiel so weit wie möglich am Ende festhalten. Der Abstand zum Papier ist dann am weitesten und der Pinsel erreicht so seine größtmögliche Beweglichkeit. Linien und große Flächen können dadurch locker aufgetragen werden, während Sie durch den Abstand Ihre Arbeit besser überschauen können. Bei diesem Vorgang wird der Pinsel natürlich waagerecht geführt.

Waagerechte Pinselführung.

Vertikale Pinselführung

- Bei der Ausführung der Details können Sie den Pinsel in der Mitte des Griffes halten, den kleinen Finger auf dem Papier abstützend, um den Abstand zu bestimmen, und ihn mehr vertikal führen. Akzente, deren Platz Sie von vornherein genau bestimmt haben, können mit der Pinselspitze angebracht werden.
- Eine andere Möglichkeit besteht darin, die pinselführende Hand auf dem anderen Unterarm abzustützen. Probieren Sie die genannten Handhabungsmöglichkeiten kurz mit einem trockenen Pinsel aus.

Materialprobe II

DOSIERUNG DES WASSERS   Die Bestimmung der richtigen Menge Farbe, die in den Pinselhaaren aufgenommen werden muß, um einen bestimmten Vorgang durchzuführen, ist von grundlegender Wichtigkeit beim Aquarellieren. Diese Menge hängt vom Grad der Flüssigkeit der Aquarellfarbe und der Größe einer Fläche oder der Länge einer Linie, die damit ausgeführt werden soll, ab. Um das zu beherrschen, werden Sie viel ausprobieren müssen.

Gehen Sie dabei folgendermaßen vor:
Nehmen Sie ein Schüsselchen mit Wasser, einen nicht zu kleinen Bogen Aquarellpapier und einen Pinsel, dessen Haare ein gewisses Volumen haben.

Tauchen Sie den Pinsel ins Wasser, halten Sie ihn über das Schüsselchen und warten Sie, bis kein Wasser mehr aus den Haaren läuft. Ziehen Sie mit dem Pinsel nun eine horizontale Linie auf dem Papier. Tun Sie dies, ohne den Vorgang zu unterbrechen und gucken Sie, wie lang der Wasserstrich auf diese Weise werden kann.

Tauchen Sie den Pinsel nochmals ins Wasser, aber versuchen Sie nun, indem Sie den Pinsel zwischen den Fingern drehen, soviel Wasser wie möglich zwischen den Pinselhaaren zu halten. Das meiste Wasser wird sich im Innern des Haarbüschels befinden, also dort, wo die Haare das größte Volumen haben. Ziehen Sie nun erneut eine Wasserlinie in einer ununterbrochenen Bewegung. Diese Linie wird jetzt länger sein als die erste.

Bringen Sie nun vielerlei Wasserstriche versuchsweise auf das Papier: lange, kurze, gebogene, runde und eckige. Achten Sie dabei genau darauf, wann zuviel oder zuwenig Wasser vom Pinsel aufgenommen worden ist. Tupfen Sie danach das Papier mit einem Schwämmchen ab und lassen es trocknen.

Materialprobe **III**

DAS ZIEHEN VON LINIEN UND DAS ANBRINGEN VON FARBTUPFERN Die Übung von Probe II wird nun in Aquarellfarbe ausgeführt. Rühren Sie dazu etwas Farbe mit Wasser an und fertigen Sie einen Übungsbogen an. Versuchen Sie, eine gute Einschätzung der Farbmenge zu bekommen, die Sie in den Pinselhaaren aufnehmen möchten. Wenn es nicht sofort gelingt, die Menge zu bestimmen, fangen Sie immer wieder von vorn an. Verlängern Sie die Linie, indem Sie erneut Farbe aufnehmen; der neue Ansatz bleibt sichtbar, zeigt dadurch Farbstriche mit wenig Charakter auf.

Materialprobe **III**
Das Ziehen von Strichen mit einem Pinsel

Küche – 1986
MAIKE VERVOORT

Maike Vervoort hat diese Aquarellskizze schnell ausgeführt. Die Farben wurden auf der Palette gemischt. Sie benutzte die Pinselspitze, wobei sie stets darauf achtete, die richtige Menge Farbe in den Haaren aufzunehmen, um die Linien anbringen zu können. So entstanden prachtvolle, kräftige, unmittelbare Pinselstriche, die mit Farbtupfern ergänzt wurden.

Materialprobe **IV**
Das Abschwächen einer Ausgangsfarbe mit Wasser.

Materialprobe **IV**

Erstellen Sie von jedem zur Verfügung stehenden Farbton eine immer heller werdende Farbreihe, indem Sie dem Farbton stets ein wenig mehr Wasser beimengen. Es entstehen dadurch Farbtöne, die nicht nur immer heller, sondern auch transparenter werden.

Notieren Sie sich bei den Ausgangsfarben die Bezeichnungen, damit Sie lernen, diese wiederzuerkennen.

Materialprobe **V**

Nehmen Sie ein wenig Aquarellfarbe, die Sie nur ein bißchen verdünnt haben, und führen Sie damit kurze, vertikale Striche aus. Merken Sie sich, wie lange es dauert, bis das nicht mehr möglich ist. Diese Striche werden immer trockener, während die Struktur des Aquarellpapiers die Farbstriche beeinflußt. Wiederholen Sie diese Übung mit anderen Farben und passen Sie die Menge der zu verwendenden Farbe an. Auf diese Weise finden Sie heraus, wieviel Farbe Sie für einen bestimmten gewünschten Effekt in den Pinselhaaren aufnehmen müssen.

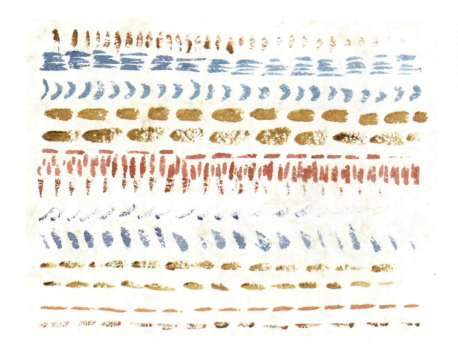

Materialprobe V
Probieren Sie aus, wie lange Sie mit der im Pinsel aufgenommenen Farbe Akzente anbringen können.

Uferböschung – 1986
MAIKE VERVOORT

Diese Aquarellskizze einer Uferböschung mit Bäumen wurde im Frühling angefertigt. Es wurden hellere Gelbtöne und Grüntöne benutzt, um die Frühlingsatmosphäre zu betonen.
 Linien und Farbtupfer wurden abwechselnd angewendet. Die Spiegelung das Grases und der Bäume wurde etwas weniger akzentuiert als das übrige. Da das Aquarell nicht sehr dicht gemalt wurde, bleibt es sehr leicht.

Materialprobe **VI**

DAS MALEN EINER FLÄCHE Das Malen gleichmäßiger Flächen, bei denen keine Ränder und Flecken entstehen, ist eine der schwierigsten Techniken, mit denen Sie beim Aquarellieren konfrontiert werden. Gerade weil beim Anfertigen eines Aquarells häufig Farbflächen übereinander gesetzt werden, ist es notwendig, daß dies richtig geschieht, damit sie kein fleckiges Aussehen erhalten. Schlecht aufgetragene Farbflächen machen ein Aquarell unordentlich und uninteressant.

Das Malen einer solchen Fläche erfordert einiges an Geschicklichkeit und muß deshalb gut geübt werden. Fangen Sie mit nicht allzu großen Flächen an. Üben Sie diese Technik zum Beispiel auf einer Fläche von 6 x 10 cm und stellen Sie Ihre Arbeitsplatte dafür ein wenig schräg. Setzen Sie etwas Aquarellfarbe mit Wasser an. Wieviel Farbe Sie dafür benötigen ist eine Frage der Erfahrung, die Sie nur durch das 'Tun' bekommen.

Das Auftragen einer gleichmäßigen Farbfläche muß ohne Unterbrechung durchgeführt werden und es ist daher nicht möglich, bei zuwenig Farbe neue anzusetzen: dann würde die bereits aufgetragene Farbe trocknen und der neue Farbansatz ergäbe einen Farbunterschied. Außerdem ist es beinahe unmöglich, zweimal dieselbe Farbnuance zu erhalten.

Legen Sie die zu bemalende Fläche mit der Schmalseite vor sich hin, nehmen Sie mit dem Pinsel Farbe auf und setzen Sie einen ziemlich nassen, waagerechten Strich oben auf die Papierfläche, so, daß er nicht nach unten verläuft, sondern sozusagen einen nassen Farbwall bildet.

Nehmen Sie nun erneut mit dem Pinsel Farbe auf, indem Sie sie kurz mit dem Pinsel durchrühren, so daß sie wieder einen gleichmäßigen Farbton hat. Setzen Sie den Pinsel nun mit der Spitze auf den unteren Rand des

I Das Ansetzen des ersten Farbwalls.

II Führen Sie die Farbe in aneinanderliegenden Bahnen gerade nach unten.

III Vergrößern Sie die Farbfläche, indem Sie den Pinsel immer wieder im Farbwall ansetzen.

IV Nehmen Sie den Farbwall unten an der Farbfläche mit einem trockenen Pinsel auf.

Farbwalls und führen Sie die Farbe vertikal nach unten. Ziehen Sie diese Bahn nicht bis zum Ende durch, es soll noch etwas Farbe im Pinsel bleiben. Am Ende dieses Striches bildet sich gleichfalls ein Farbwall.

Wiederholen Sie diesen Vorgang und ziehen Sie aneinander anschließende, gleichmäßige Bahnen nach unten. Tauchen Sie vor dem Ziehen einer Bahn jeweils den Pinsel in die Farbe und setzen Sie ihn immer in den waagerechten Farbwall. Verlängern Sie danach die Farbbahnen, wobei Sie den Pinsel stets wieder in die entstandenen Farbwälle setzen, bis die ganze Fläche ausgefüllt ist. Am unteren Rand der Farbfläche entsteht ebenfalls ein Farbwall, der aufgesogen werden muß, soll die Fläche gleichmäßig trocknen.

Spülen Sie dabei den Pinsel auf keinen Fall zwischendurch in Wasser aus, denn dann entstehen Farbunterschiede!

Tupfen Sie die Pinselhaare ab und zu auf einem Schwämmchen ab, so daß die Feuchtigkeit größtenteils aus den Haaren genommen wird. Setzen Sie die Pinselspitze nun am Unterrand des Farbwalls an. Die Pinselhaare saugen dann die Feuchtigkeit auf. Nehmen Sie diese Feuchtigkeit mit dem Schwamm ab und wiederholen Sie diesen Vorgang, bis der Farbwall unten an der Fläche völlig aufgenommen ist. Lassen Sie die Farbfläche in der Schräglage, in der sie sich befindet, trocknen. Würde die Fläche flach hingelegt, wäre die Gleichmäßigkeit des Absinkens und Antrocknens gestört, und es käme keine gleichmäßige Farbfläche zustande.

Wenn Sie diese Materialprobe auf Aquarellpapier mit grober Struktur ausführen, wird nicht die gesamte Oberfläche mit Farbe bedeckt. Kleine weiße Flecken bleiben sichtbar, was der Farbfläche einen speziellen Effekt verleiht. Sollten Sie jedoch die Farbfläche gedeckter haben wollen, machen Sie zuerst das Papier mit Wasser naß und tragen danach die Farbfläche auf. Die Papierstruktur übt in beiden Fällen merklichen Einfluß auf die Farbfläche aus.

Nach dem Trocknen entsteht eine gleichmäßige Farbfläche.

Wenn die Farbfläche nicht waagerecht gestellt wird, kann sie nicht gleichmäßig trocknen und es bilden sich Ränder.

Eine Farbfläche, die auf grober Oberflächenstruktur aufgetragen worden ist, deckt nicht.

Materialprobe **VII**

Führen Sie das Auftragen einer gleichmäßigen Farbfläche nun über die Breite aus. Weil die Fläche breiter ist, werden Sie mehr Farbe mit dem Pinsel aufnehmen müssen als bei der vorigen Übung. Arbeiten Sie hierbei zügig hintereinander, damit die Farbe keine Möglichkeit hat zu trocknen, bevor Sie die Vorgänge beendet haben. Wiederholen Sie diese Übung, bis es Ihnen gelingt, eine gleichmäßige Farbfläche aufzutragen.

Diese Backsteinmauer enthält viele Farbnuancen, die durch das Brennen und den Zahn der Zeit entstanden sind.

Die Farbnuancen in diesem Flecken enstehen unter Lichteinfluß.

FARBNUANCEN   Wenn Sie eine rote Backsteinmauer genau betrachten, wird Ihnen auffallen, daß nicht alle Steine genau die gleiche Farbe haben. Die Mauer ist voller verschiedener, dicht nebeneinanderliegender Farbnuancen. Dasselbe gilt beispielsweise für graue Bürgersteigplatten, Straßenpflaster, Bretter, aber auch für das grüne Gras, das goldene Korn und den blauen Himmel.

Auch unter Einfluß von Licht und Schatten treten Farbunterschiede auf.

Eine blaue Jacke zum Beispiel wird an den Stellen, auf die das Licht fällt, viel heller erscheinen und in den Schattenpartien dunkler.

Außerdem können Farben der Umgebung durch Widerspiegelung das Blau ebenfalls beeinflussen.

So kann es sein, daß eine solche Jacke optisch gesehen verschiedene blaue, rote, violette und schwarze Nuancen enthält.

Diese Unterschiede in der Farbe bringen Lebendigkeit in alles, was uns umgibt. Will man diese Lebendigkeit in einer Arbeit festhalten, muß man zuerst seine Wahrnehmungsfähigkeit gut üben. Dann kann wiedergegeben werden, was man gesehen und empfunden hat, an Stelle dessen, was man *weiß* und als wahr annimmt.

Aus diesen Gründen werden beim Aquarellieren auch oft Farbabstufungen verwendet.

DAS MISCHEN DER FARBEN   Diese Nuancen entstehen durch die Vermischung dicht beieinanderliegender Töne. Diese Töne werden meistens aus einer bestimmtem Anzahl Farben aufgebaut. Das Verhältnis Wasser und Farbe spielt dabei eine wichtige Rolle. Mischfarben können auf unterschiedliche Weise zustande kommen:

a. Die Farben werden auf der Palette gemischt und danach auf das Papier gebracht.
b. Die Farben entstehen durch das Übereinandersetzen transparenter Farbflächen, die direkt auf das Papier aufgetragen werden und so eine optische Mischfarbe ergeben.
c. Die Mischfarben entstehen auf dem Papier durch das Ineinanderfließen nasser Aquarellfarbe.

Materialprobe **VIII**

FARBMISCHUNGEN AUF DEM PAPIER   Für die Ausführung dieses Versuches zeichnen Sie auf einem relativ großen Bogen Aquarellpapier mit dünnen Bleistiftstrichen acht aus kleinen Fächern zusammengesetzte Blöcke, zum Beispiel zwei Reihen von vier oder drei Reihen von drei Fächern. Zeichnen sie so, daß die Fächer weit auseinander liegen.
In jedem Block werden in diesen Fächern Farbnuancen angebracht, die Sie vorher auf der Palette gemischt haben. Benutzen Sie dazu die folgenden Farben:

Block I   Gelb und Orange
Block II   Orange und Rot
Block III   Rot und Blau
Block IV   Blau und Gelb

Block V Gelb und Braun
Block VI Rot und Braun

Block I
Farbnuancen durch Mischung von Zitronengelb mit Cadmiumrot hell.

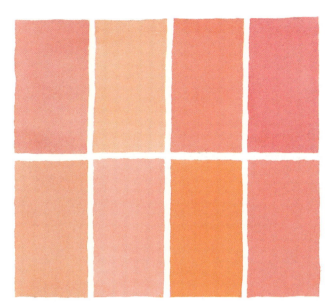

Block II
Farbnuancen durch Mischung von Cadmiumrot hell und Krapplack.

Block III
Farbnuancen durch Mischung von Phtaloblau und Krapplack.

Block IV
Farbnuancen durch Mischung von Kobaltblau mit Cadmiumgelb zitrone.

45

Wenn Sie die Farbfelder mit Aquarellfarbe ansetzen, benutzen Sie dazu die Technik, die Sie bei den Materialproben VI und VII angewendet haben. So üben Sie beim Erstellen dieser Materialprobe gleichzeitig das Ansetzen kleiner, gleichmäßiger Farbflächen. Stimmen Sie die Farbnuancen pro Block schön aufeinander ab und arbeiten Sie vor allem transparent. Notieren Sie sich, bei jedem zusammengestellten Block, welche Ausgangsfarben Sie verwendet haben, damit Sie die Zusammenstellung für eine bestimmte Farbe immer wiederfinden können.

Block V
Farbnuancen durch Mischung von Cadmiumgelb zitrone mit Gebranntem Siena.

Block VI
Farbnuancen durch Mischung von Cadmiumrot hell und Gebranntem Umbra.

Sindbad der Seefahrer
– 1923
PAUL KLEE

In diesem Aquarell zeigt Paul Klee auf seine bekannte subtile Art die Wirkung von Farbmischungen.

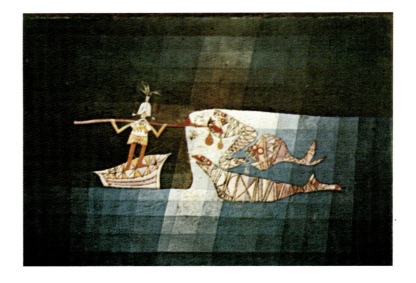

In diesem Doppelrahmen hat Jan Brein die Farben des Himmels, der Stadt und des Flusses aufeinander abgestimmt. Die horizontalen Linien des Wassers betonen die Länge des Flusses. Achten Sie auf die Anwendung der verschiedenen Aquarelltechniken. Er führte dieses Aquarell sowohl mit als auch ohne Fließungen aus.

Diptychon Nimwegen – o.J.
JAN BREIN

Diese drei Aquarelle bilden zusammen ein Triptychon der stattlichen Landschaft um Siena (Italien).
  Durch die Anwendung vieler, dicht beieinander liegender, ineinanderlaufender ockerfarbiger Nuancen erzielte Jan Brein eine große Tiefenwirkung in dem Aquarell. Am Horizont gehen die Ockerfarben in verschwommene Blautöne und Rotvioletts über. Die ungewöhnliche Rahmung dieses Dreiteilers verstärkt die Räumlichkeit der herrlichen Landschaft.

Die Aquarelle Jan Breins tragen fast alle einen italienischen Titel. Er sagt über seine Verbundenheit mit Italien: 'In Italien habe ich mich selbst entdeckt und begriffen, wer ich bin. Ich werde von der stetigen Anwesenheit der Kultur fasziniert. Wenn ich, bildlich gesprochen, einen Stein aufhebe, ist es selten ein gewöhnlicher Stein, sondern er trägt Spuren der Kultur, die die Menschen daran angebracht haben.'

Trittico Senese – 1979
JAN BREIN

Block VII
Nuancen durch die Mischung von Elfenbeinschwarz mit Wasser.

Block VIII
Nuancen durch die Mischung von Elfenbeinschwarz und Zitronengelb und Elfenbeinschwarz mit Krapplack.

Auch mit Grau kann eine Reihe von Nuancen gemacht werden, die auf verschiedene Arten entstehen können. Als erstes ist es möglich, schwarze Farbe mit Wasser zu Grau zu vermischen. Jedesmal, wenn man etwas mehr Wasser der Farbe hinzugibt, wird die graue Färbung immer heller. Die Nuancen werden auf diese Weise jedoch etwas flach in der Tönung. Sie können deshalb auch in einigen Fächern der Farbe ein bißchen Blau zugeben. Der Farbeindruck wird dadurch zwar etwas kühler aber auch lebendiger. Diese Nuancen in Block VII.

Haben Sie Neutralfarbe statt Schwarz in Ihr Sortiment aufgenommen, ist die Beimischung von Blau nicht unbedingt nötig, weil Neutralfarbe bereits eine bläuliche Glut besitzt.

Sollte Ihr Sortiment auch Chinesisch Weiß enthalten, lassen Sie sich nicht dazu verleiten, dieses mit Schwarz zu Grau zu vermischen. Weil das Weiß nicht ganz transparent ist, werden die Mischfarben milchig und machen deshalb einen fahlen Eindruck.

Der achte Block ist für das Herstellen warmer Grautöne gedacht. Benutzen Sie dazu außer Schwarz eine Spur Gelb und/oder Rot.

Gelb macht das Schwarz etwas grüner und Rot verleiht dem Grau einen violetten Schimmer.

Aquarellstudie eines Kursteilnehmers, bei der vor allem die Suche nach dicht beieinanderliegenden Tönen zentral stand.

Bambus – 1986
ROB KOMALA

Die vielen Mischfarben in diesem Aquarell sind alle aus der Mischung von Elfenbeinschwarz mit Ockergelb entstanden. Das Verhältnis von Wasser und Farbe wurde dabei sorgfältig abgewogen.

Komala aquarellierte dieses Bild mit einem Bambuspinsel. Ursprünglich beruhte die Handhabung eines solchen auf einer streng vorgeschriebenen östlichen Pinseltechnik. Der Pinsel wird dabei quasi vertikal geführt, während die Hand vom Papier weg bleibt.

Materialprobe **IX**

OPTISCHE FARBMISCHUNGEN   Da Aquarellfarbe transparent ist, können die Farbmischungen auch unmittelbar auf dem Papier entstehen. Dazu wird zuerst eine dünne Farbschicht aufgetragen. Nach dem Trocknen wird eine zweite Lage einer anderen Farbe über der ersten angebracht. Es ensteht nun eine optische Vermischung dieser beiden Farbflächen. Das heißt, daß man eine Mischfarbe wahrnimmt, die nicht durch die Vermischung der Farben entstanden ist, sondern die wegen ihres transparenten Charakters zusammen eine Mischfarbe ergeben, wenn sie übereinander angebracht werden. Denselben Effekt erzielt man, wenn man zwei gefärbte Glasplatten oder Bogen Cellophanpapier übereinanderlegt.

Zeichnen Sie für diese Materialprobe vier Rechtecke in einigem Abstand voneinander. Malen Sie nun mit gut verdünnter Aquarellfarbe das erste, zweite und vierte Rechteck gelb und das dritte rot aus. Verarbeiten Sie die Farbe wieder schön transparent. Bringen Sie nun über den ersten drei Farbflächen eine zweite dünne Farbschicht an, nämlich Rot über der ersten, Blau über der zweiten und der dritten Farbfläche. Decken Sie dabei nicht das gesamte Farbfeld ab, damit die Ausgangsfarbe sichtbar bleibt.

Durch diese Vorgehensweise entstehen die optischen Sekundär-Mischfarben Orange, Grün und Violett.

Indem über dem vierten (gelben) Feld zuerst eine rote und dann eine blaue Farbschicht angebracht wird, entsteht ein optisches Braun.

Café I – 1984
WILL GORIS

Auch indem mit Wasser verdünnte Farbe oder Neutralfarbe über einer Farblage angebracht werden, entstehen optische Mischfarben. In diesem Aquarell sind sie im gelben Kleidungsstück entstanden, zum Angeben der Schattenpartien und auf der rosa Tischoberfläche.

Materialprobe **IX**
Verdünnt man die Aquarellfarbe stark, entstehen zarte Farbflächen. Benutzte Farben: Krapplack und Kobaltblau.

Über eine gelbe Fläche wurden mehrere Farbflächen gesetzt, so daß verschiedene grüne Farbnuancen entstehen. Benutzte Farben: Cadmiumgelb zitrone und Kobaltblau.

Über einer gelben Farbfläche wurden eine rote und danach zwei blaue Flächen angebracht. Benutzte Farben: Cadmiumgelb zitrone, Krapplack und Kobaltblau.

Über eine gelbe Farbfläche sind mehrere Lagen rote Farbe gesetzt worden, so daß orange-rote Farbnuancen entstehen. Benutzte Farben: Cadmiumgelb zitrone und Krapplack.

51

FLIEẞMISCHUNGEN Wenn man nasse Farbtöne ineinanderfließen läßt, vermischen sie sich miteinander. Fließmischungen werden in einem Aquarell vor allem für bewölkten Himmel und das Laub von Bäumen und Sträuchern angewendet, während sie andererseits bei der Fertigung eines Aquarells auf nassem Papier als selbstständige Technik gehandhabt werden. Um eine derartige Technik anwenden zu können, ist viel Erfahrung beim Aquarellieren Bedingung. Man muß schließlich genau wissen, wie die farbe sich auf nassem Papier verhält, will man die Möglichkeiten gänzlich ausschöpfen. Darum beginnt das Erstellen von Fließmischungen mit Versuchen, wobei die Resultate durch Zufall entstehen. Die Versuche werden auf nassem Aquarellpapier ausgeführt.

Strauß mit Flieder
– o.J.
AD MERX

Das Arbeiten auf nassem Papier ist eine der schwierigsten Aquarelltechniken und erfordert viel Geschicklichkeit.

Man muß schließlich genau wissen, wie sich die Farbe auf nassem Papier verhält. Der Künstler Ad Merx beweist mit diesem Aquarell einmal mehr, daß er ein Meister beim aufbringen von Fließmischungen ist.

Nacht über Bergen und See – 1985
RINEKE KROON

Dieses Aquarell wurde Schicht über Schicht gemalt, teils auf nassem, teils auf angetrocknetem Papier. Ein nächtlicher Streifzug durch die schottische Berglandschaft mit ihren vielen Seen beeindruckte die Malerin tief. Die vom Mond beschienene Landschaft war in eine unendliche blaue Ruhe getaucht. Das schweigsame ausgedehnte Gebiet ist voller Erwartung. Der Bergsee, der nur durch ausgespartes Papier angegeben wird, ist der zentrale Punkt in diesem Aquarell.

Materialprobe **X**

Schneiden Sie einen Bogen Aquarellpapier in acht Teile. Befeuchten Sie die Oberfläche eines der kleinen Bogen mit einem Schwamm. Legen Sie das Papier flach auf eine Zeitung oder eine andere sangfähige Papiersorte.

Tragen Sie etwas rote Farbe auf das nasse Papier auf und lassen sie diese auf der nassen Fläche einen Weg suchen. Es entstehen allerhand bizarre gefärbte Formen. Wenn der Fließvorgang größtenteils beendet ist, tragen Sie etwas gelbe Farbe auf. Nachdem es seinen Weg durch das Wasser gefunden hat, wird das Gelb zu irgendwann auf einen schon roten Flecken treffen und sich damit vermischen, sodaß orange Fließmischungen entstehen.

Wiederholen Sie dieses Experiment auf einem neuen Bogen mit gelber und blauer Farbe. Nun enstehen Grüntöne. Führen Sie den Versuch auch mit Blau und Rot durch. Diese Farben werden sich zu Violett vermischen. Befeuchten Sie das vierte Blatt Papier und tragen Sie die drei Primärfarben Rot, Gelb und Blau auf.

Versuchen Sie, sobald die Farbe verläuft, sie mit der Pinselspitze in eine von Ihnen bestimmte Richtung zu lenken. Vielleicht wird das beim ersten Mal nicht gelingen. Wiederholen Sie den Vorgang dann einige Male, bis Sie die Farbe nach Ihrem Willen setzen können.

Schlittschuhlaufen auf dem großen See – 1986
ROB KOMALA

Materialprobe **X**
Spontane Fließmischungen auf nassem Papier mit Krapplack und Cadmiumgelb zitrone.

Spontane Fließmischungen auf nassem Papier mit Cadmiumgelb zitrone und Kobaltblau.

Kombination aus Fließmischungen in der obersten Partie und dem Übereinanderlegen von Flächen in der untersten Partie dieser Probe. Verwendete Farben: Krapplack und Kobaltblau.

Auch hier eine Kombination von Fließmischungen und Übereinanderlegen von Flächen. Verwendete Farben: Cadmiumgrün, Gummigutt, Ockergelb und Gebrannter Umbra.
Mit einem Pinsel wurden Tupfen auf die nassen und trockenen Lagen gesetzt.

Spontane Fließmischungen auf nassem Papier mit Krapplack und Kobaltblau.

Spontane Fließmischungen auf nassem Papier mit Cadmiumgelb zitrone, Krapplack und Kobaltblau.

Diese Fließmischungen sind auf einer trockenen blauen Farbfläche ausgeführt. Nachdem diese Fläche mit Wasser angefeuchtet worden war, wurde rote Farbe in verschiedenen Lagen angebracht. Die Fließungen werden mit einem Pinsel gelenkt.

Farbflächen können mit einem Pinsel befeuchtet werden oder mit einem Pflanzensprüher eingenebelt werden. Benutzte Farben: Ultramarin und Krapplack.

Im oberen Teil dieses Versuchs wurden, mit Zwischentrocknung, zwei blaue Farbflächen übereinander angebracht. Im unteren Teil, der zuerst angefeuchtet wurde, ist die zugefügte Farbe zerflossen. Benutzte Farben: Kobaltblau.

Materialprobe **XI**
Zwei ineinanderfliessende Farben: Kobaltblau und Cadmiumgrün.

Materialprobe **XII**
Eine Farbfläche, die von Hell nach Dunkel verläuft.

Eine Farbfläche, die immer heller wird.

Materialprobe **XI**

Der folgende Schritt ist das Erstellen von Fließmischungen, die allmählich ineinander überlaufen.

Zeichnen Sie dafür vier Rechtecke.

Benutzen Sie zwei Farben, die eine schöne Mischfarbe ergeben, beispielsweise Gelb und Blau oder Blau und Grün. Stellen Sie Ihre Arbeitsplatte schräg, so daß die Fläche etwas abläuft. Setzen Sie von einer Farbe die Menge an, die Sie für das Füllen eines der Rechtecke benötigen. Bringen Sie mit dieser Farbe den ersten waagerechten Farbwall an. Fügen Sie nun ein kleines bißchen des zweiten Farbtons hinzu und rühren Sie durch, damit sich eine gleichmäßige Färbung ergibt.

Ziehen Sie mit dieser Farbe die ersten daran anschließenden, vertikalen Farbbahnen, wobei Sie für jede neue Farbbahn erneut Farbe mit dem Pinsel aufnehmen. Fügen Sie danach, jedesmal, wenn Sie die Farbfläche verlängern, eine gleiche Menge Farbe der zweiten Farbe hinzu, so daß Ihr Farbfeld allmählich zu dieser Farbe übergeht.

Üben Sie diese Technik nochmals an den übrigen drei Feldern und benutzen Sie eventuell andere Farbkombinationen.

Materialprobe **XII**

DAS AUFHELLEN UND ABDUNKELN EINER FARBE Beim Ansetzen von Farbflächen, die von Hell nach Dunkel und von Dunkel nach Hell verlaufen, wenden Sie die gleiche Technik an, die Sie schon beim Erstellen gleichmäßiger Flächen benutzt haben.

Zeichnen Sie für die Durchführung dieses Versuches zwei Flächen von ungefähr 6 × 10 cm.

Stellen Sie Ihre Arbeit wieder ein wenig schräg auf, so daß die Aquarellfarbe einfacher nach unten geführt werden kann.

Setzen Sie in einem Schälchen oder einem Mischgefäß einen Farbton mit Wasser an. Schätzen Sie wieder ab, wieviel Farbe Sie zum Ausfüllen der Fläche benötigen werden.

Für diesen Versuch benötigen Sie außerdem ein Töpfchen mit klarem Wasser und eine Pipette. Legen Sie die aufgezeichneten Rechtecke mit der Schmalseite vor sich hin.

Bringen Sie mit der angesetzten Farbe in einem der Felder oben den ersten waagerechten Farbwall an.

Fügen Sie der Farbe nun mit einer Pipette einige Wassertropfen hinzu und rühren Sie kurz durch, damit die Farbe gleichmäßig wird. Die Farbe ist jetzt etwas heller im Ton geworden.

Diesen Vorgang werden Sie, je nach Größe der zu erstellenden Fläche, einige Male wiederholen müssen. Sorgen Sie dafür, daß Sie immer die gleiche Wassermenge zugeben, damit die Farbe immer im gleichen Maße verdünnt wird. Nehmen Sie wieder Farbe mit den Pinselhaaren auf, setzen Sie die Spitze an den Farbwall an und führen Sie die Farbe in einer Bahn nach unten. Wiederholen Sie diesen Vorgang bei daran anschließenden Bahnen, während Sie für das Anbringen der jeweiligen Bahn immer wieder neu Farbe aufnehmen.

Danach verlängern Sie die Bahnen, aber nicht, bevor Sie nicht erneut der Farbe in dem Schälchen Wasser beigefügt haben, um sie aufzuhellen. Auf diese Weise füllen Sie die gesamte Fläche aus, wobei Sie darauf achten müssen, daß die Farbe gleichmäßig abnimmt. Nehmen Sie zum Schluß die Farbe unten in dem Fach mit den Pinselhaaren auf.

Im zweiten Feld wird die Farbe von Dunkel nach Hell verlaufend aufgetragen.

Sie gehen dabei von stark verdünnter Farbe aus und fügen nach jeder Farbbahn etwas Farbe hinzu, so daß das Feld immer dunkler wird. Bauen Sie danach den entstandenen Farbwall wieder ab.

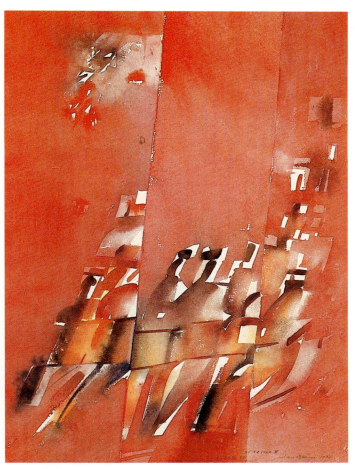

Diese beiden abstrakten Aquarelle sind Beispiele für Farbflächen und für Fließmischungen.
  Interessant sind die roten Farbflächen, die trotz ihrer Ausmaße aufgrund ihrer Struktur faszinieren.
  Die vertikalen Flächen, die auch Fließmischungen enthalten, sind in vertikalen Bahnen, mit zwischenzeitlicher Trocknung, nebeneinander gesetzt.
  Jan Brein ist bei diesen Aquarellen vom Werk des Dichters und Schriftstellers Fernando Pessoa ausgegangen, dessen Werk ihn schon längere Zeit beschäftigt.

'O quarto de Pessoa', wörtlich übersetzt 'Das Zimmer von Pessoa', basiert auf folgendem Ausspruch: 'Ich bin wie ein Raum mit unzähligen Zauberspiegeln, die zu trügerischen Widerspiegelungen verformen eine einzige frühere Wirklichkeit, die in keinem von ihnen und in allen ist.'

O quarto de Pessoa, IX und X – 1986
JAN BREIN

Bukett – 1987
LIES CORTEL

Das Bukett nimmt die gesamte Fläche ein, ohne daß Weiß auf dem Papier ausgespart ist. Die Farben liegen dicht beieinander.

    Fast an keiner Stelle ist die Form hervorgehoben. Die Blumen sind mehr als Illusion dargestellt. Die Lichteffekte und Akzente in diesem Aquarell sind durch Verwendung von Chinesisch Weiß erzielt worden.

Die Biertrinker – 1985
WILL GORIS

Farbflächen können auch durch das Anbringen unregelmäßiger Farbtupfer aufgehellt oder abgedunkelt werden, wie es in diesem Aquarell zu sehen ist.

Die Kleidungsstücke der beiden Männer sind aufgebaut, indem immer dunklere Tupfer übereinander gesetzt wurden.

Der Künstler hat das Thema sehr treffend festgehalten. Es ist sicher nicht das erste Glas, das diese stämmigen Männer zu sich nehmen! Anfänglich waren sie gewiß in ein angeregtes Gespräch verwickelt. Jetzt, nach einigen Gläsern, hat die goldene Flüssigkeit ihre Zungen träger und ihren Blick trüber gemacht. Schon öfters hat Will Goris bewiesen, daß er den Menschen in all seinen verschiedenen Facetten treffend und stimmungsvoll darstellen kann. Er zeigt, daß Aquarellfarbe sich nicht nur für weiche, zarte Bilder in fließenden Flächen, sondern auch zum Fertigen kraftvoller, differenzierter Aquarelle anbietet.

DAS AUSSPAREN VON WEIß Der wichtige Unterschied zwischen dem Arbeiten mit deckenden und mit transparenten Farbsorten besteht darin, daß deckende Farbe von den dunklen Tönen aus zu den hellen hin verarbeitet wird, während beim Arbeiten mit transparenten Farbsorten die Arbeit vom Hellen zum Dunklen hin aufgebaut wird.

Das rührt daher, daß bei einer deckenden Farbsorte eine unterliegende Farbe immer wieder abgedeckt werden kann, wohingegen übereinandergesetzte transparente Farbstriche eine Mischfarbe ergeben. Das Licht muß also von Anfang an ausgespart werden, wenn man es in einem Aquarell festhalten will.

Dies macht das Aquarellieren zu einer relativ schwierigen Technik. Farbpartien, die im Nachhinein als unbefriedigend empfunden werden, können nicht einfach übermalt werden, wie das bei den deckenden Farben der Fall ist.

Das Aquarellieren macht deshalb eine bewußte Planung erforderlich. Da für die Andeutung von Licht und weißen Flächen in der Regel keine weiße Farbe verwendet wird, spart man sie auf dem Papier aus, indem man sie ganz oder teilweise frei läßt.

Materialprobe **XIII**

Um sich ein Bild davon machen zu können, wie das Aussparen vor sich geht, können Sie einige Probe anhand der beigefügten Illustrationen ausführen. Die Formen werden sichtbar, indem man sie mit Aquarellfarbe von der Umgebung her abschließt.

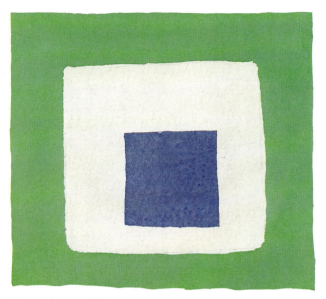

Materialprobe XIII
In dieser dekorativen Fläche wurde das Weiß des Papieres ausgespart.

Diese dekorative Fläche wurde mit drei Farbschichten versehen, bevor sie ihre abschließende Form erhielt. In der ersten Farbschicht wurde das Weiß des Papieres ausgespart. In der zweiten Farbschicht wurden das Weiß und die hellste Grünfläche (Farbe der ersten Farbschicht) ausgespart.

In der dritten Farbschicht wurden die weiße und die helle Farbfläche (durch die erste Farbfläche entstanden) und die etwas dunklere Farbfläche (durch die zweite grüne Farbfläche entstanden) ausgespart.

Fudschijama bei Sonnenaufgang – 1955
YOKOYAMA TAIKWAN

Die Aussparungstechnik wurde schon früh in japanischen und chinesischen Pinselmalereien angewendet. Diese traditionelle Technik wird noch immer von den östlichen Künstlern benutzt.

Yokoyama Taikwan, ein japanischer Großmeister des Aquarellierens mit Farbe und chinesischer Tinte, sparte in seiner Darstellung des berühmten Berges Fudschijama den Schnee auf dem Papier aus, während er in den tiefhängenden Wolkenpartien diese Arbeitsweise gleichfalls anwendetete. Bei der Darstellung der Wolken brachte er zuerst einen sehr dünnen Ton an, wonach er sie vom Papier löste, indem er ihnen Schatten gab. Auf diese Weise wurde in dieser Partie das Licht bewahrt.

Variationen zu Brooklyn – 1932
JOHN MARIN

In seinem Aquarell *Variationen zu Brooklyn* wendete John Marin die Aussparungen des Papieres für unter anderem die Fenster in den Wolkenkratzern an, während er auch andere Teile des Papieres unbearbeitet ließ.

Portrait Frau Ellen T. – 1984
JAN BREIN

In diesem Portrait wurden beide Mögichkeiten der Aussparung angewendet.

Weißer Hut und Rock entstanden allein dadurch, daß ihre Schattenpartien angegeben wurden und die rechte Seite mit einer zarten Hintergrundfarbe eingefasst ist. Von Gesicht, Hals und Händen wurden ebenfalls nur die Schattenpartien angegeben und das weiße Papier erfüllt hier die Funktion des Lichteinfalls.

So wurde es Teil der Darstellung.

Venere demolita – 1980
JAN BREIN

Auf beinahe unnachahmliche Weise gelang es Jan Brein, mit wenig Farbe eine große Zahl Töne zu erzielen.

Diese 'demontierte Venus' ist so aufgebaut, daß die subtilen Farbschichten das Licht im Objekt entstehen lassen.

Die helle Papiertönung ist hierfür voll genutzt worden und trägt zur großen plastischen Wirkung dieses Aquarells bei. Ungewöhnlich ist der Aufbau der Hintergrundflächen.

Am Wasser – o.J.
GUSTAVE MOREAU

Auch Moreau, der bei diesem Aquarell die Farbe überwiegend trocken benutzte, bezog den Farbwert des Papieres, und somit die Struktur mit in seine Darstellung ein, indem er große Teile unbearbeitet ließ.
    Dadurch blieb das Aquarell – trotz der Anwendung kaum verdünnter, kräftiger Farben – leicht.

EIN KÜNSTLER BEI DER ARBEIT:
AQUARELLIEREN AUF TROCKENEM PAPIER

Peter Vassilev führte ein Aquarell auf trockenem Papier aus. Die verschiedenen Phasen wurden für Sie festgehalten, damit Sie den Aufbau des Aquarells Schritt für Schritt verfolgen können.

I Die Vorbereitungsarbeit bestand darin, die verschiedenen Gegenstände in den Raum anzuordnen, wobei gleichzeitig auf den Farbgesamteindruck geachtet wurde. Das rote Kissen wurde als Farbakzent hinzugefügt und nimmt eine wichtige Stellung im Gesamten ein.

Nach dem Anordnen wurden die Möglichkeiten für die Komposition, Farbe und die wichtigsten Formen durchdacht. Danach wurde mit Bleistift eine Skizze angefertigt, in der vor allem die Flächenaufteilung und der Platz des Stuhles die wichtigsten Angaben sind.

Das Interieur enthält viele vertikale Linien. Darum wurde das Papier im Hochformat gewählt. Diese Vertikalen werden von den horizontalen Linien auf dem Fußboden getragen und von den diagonalen Linien des Kissens durchkreuzt.

Weil das Licht gerade durch das Fenster nach innen fällt, zeichnet sich links eine dunkle und daneben eine helle Fläche auf dem Boden ab. Mittels Notizen wurde die Trennungslinie zwischen diesen Flächen schwach mit Bleistift angegeben.

II In der zweiten Phase wurden die ersten Farbflächen angebracht. Die Aquarellfarbe wurde dafür stark mit Wasser verdünnt.

Beim Holzfußboden wurden drei Farbtöne verarbeitet, die den Holzboden und die beiden Teppiche voneinander unterscheiden sollen.

Es ist nämlich nicht ratsam, die einzelnen Teile eines Bildes stellenweise auszuarbeiten; man verliert das Objekt als Ganzes dann schnell aus dem Auge. Bei der Farbwahl muß man dem transparenten Charakter der Aquarellfarbe Rechnung tragen.

Im ersten Farbauftrag wurde auf der gesamten Fläche weißes Papier ausgespart, um weiße Akzente und das darauffallende Licht in einer späteren Phase ausführen zu können. Die auffälligsten Flächen sind die Aussparungen im Kissen, dem Stuhl, dem Fensterrahmen und der Zwischenwand. Das Aussparen von Weiß muß immer beim ersten Farbauftrag bestimmt werden. In einer späteren Phase ist dies nicht mehr möglich, weil mit Aquarellfarbe nur von hell nach dunkel gearbeitet werden kann.

III Galt in der zweiten Phase die Aufmerksamkeit der Bestimmung der hellsten Flecken, widmete sich Vassilev in der dritten Phase den Schattenpartien des Gegenstandes.

Diese Schattenpartien werden nicht sofort in ihrer vollen Stärke aufgetragen, sondern durchlaufen verschiedene Behandlungen. Deshalb ist die Aquarellfarbe auch hier wieder stark verdünnt verwendet worden, so daß die Schattenpartien nur schwach angedeutet werden.

Der blaue Ton, den der Künstler dazu benutzte, ergab allerhand verschiedene Farbtöne, die die Folge der optischen Vermischung mit den Farbnuancen der ersten Lasurschicht sind. Der Kontrast zwischen den hellen und den dunklen Partien verleiht dem Zimmer Tiefe.

IV Da nun Hell und Dunkel in groben Zügen festgelegt sind, werden die Formen verstärkt, wodurch sie eindringlicher werden. Schauen Sie sich dazu die Umrahmung des Fensters, die Andeutung der Heizung, die Trennung zwischen Dielenboden und den Teppichen, die Aussicht und den Kaminsims an.

Außerdem wurden die Schatten und Farben, die bereits vorher aufgetragen worden waren, verstärkt, wodurch die hellen Partien des Aquarells räumlicher und die Kontraste größer werden. Indem die Wand hinter der Heizung verdunkelt wurde, löst sie sich von der Wand und steht vor ihr. Dasselbe geschieht mit dem Stuhl dadurch, daß die umgebenden Töne verstärkt und dunkler gemacht wurden. Der Stuhl wirkt daher plastischer.

Der Glanz auf dem Holzfußboden entstand hauptsächlich durch das Abdunkeln der Fläche, die links daneben liegt. Die Materialeigenheit des Holzes wird nur mittels einiger horizontal angebrachter Pinselstriche suggeriert. Verfolgen Sie in den verschiedenen Phasen genau, wie der Maler den Effekt des einfallenden Lichtes zu erzielen weiß.

Das Interieur – 1987
PETER VASSILEV

V Die fünfte Phase befaßt sich vor allem mit der Farbe und den Einzelheiten des Interieurs. Für die Farbverstärkung wird die Aquarellfarbe aber immer verdünnt verarbeitet. Die Farbstärke wird dadurch erzielt, daß man mehrere Farbfilme auf einer jeweils trockenen Farbunterschicht aufträgt und nicht etwa durch die Verwendung von mehr Pigment.

Weil der Stuhl und das, was sich draußen befindet, die wichtigsten Dinge in diesem Aquarell bilden, sind sie am detailliertesten ausgeführt. Dies im Gegensatz zu beispielsweise den beiden Sträußen und der Wandverzierung, die in Form und Farbe viel vager gehalten sind und daher nicht hervortreten.

Durch das Anbringen mehrerer Farbschattierungen wurde die Hell-Dunkelwirkung erhöht.

VI Die Endphase ist erreicht, nachdem stellenweise noch einzelne Pinselstriche angebracht worden sind. Vergleichen Sie diese Phase auf den Unterschied im Effekt mit der vorhergehenden.

Im oberen Fensterrahmen und dem Holzfußboden wurde die Farbe ein wenig abgekratzt um dem Aquarell einzelne Lichtpunkte hinzuzufügen. Diese Möglichkeit wird in dem Kapitel 'Effekttechniken' (Seite 88) beschrieben.

Bei der Ausführung eines Aquarells müssen Sie ständig das Bild vor Augen haben, das Sie als Endresultat erreichen wollen.

Dieses Bild wählen Sie selber und daher wird es für jeden individuell verschieden sein. Deshalb wird der eine sich einem Gegenstand anders nähern als der andere.

Jansonius wandte in diesem Aquarell eine enge Farbbegrenzung an, was zur Atmosphäre der Landschaft beigetragen hat. Das Papier wurde stellenweise befeuchtet, so daß sich Verfließungen bildeten. Nach dem Trocknen wurden in die Himmelspartie glasierend dunkle Wolken eingebracht.
Um Details wie den Steg und den kleinen Baumstamm scharf zeichnen zu können, wurden sie ebenfalls auf trockenes Papier aufgetragen.

Kanal bei Beemte
– 1985
ARIE JANSONIUS

Winter '86
AD MERX

Die Bäume und die rote Sonne spiegeln sich im gefrorenen Wasser. Der Wall liegt hoch in der Fläche. In der linken oberen Ecke ist gerade noch ein Teil eines Baumstammes sichtbar. Die Farbflächen im obersten Bereich des Aquarells sind auf trockenem Papier angebracht worden. Dadurch blieb ein Teil des Papieres ausgespart. Der untere Teil des Aquarells wurde auf nassem Papier gemalt, wodurch die Farbe auseinanderfloß.

Dieses Aquarell wurde auf trockenes Papaier gemalt. Die Farben sind pur und auf der Palette vermischt verarbeitet. Nach sanften Farbpartien wurde auf den trockenen Farbflächen der Gebirgsfluß in kräftigen Farben aufgetragen. Dafür wurde die Aquarellfarbe nur wenig verdünnt. Schwarze Kreideakzente wurden hinzugefügt um das Aquarell zu ergänzen.

Gebirgsfluß – 1986
BOB TEN HOOPE

Gelber Strauß
– 1986
Pieter Cortel

Für das Aquarellieren dieses Straußes auf trockenem Papier wurden die Farben auf der Palette gemischt. Die Farbe wurde genauestens dosiert aufgetragen.

    Achten Sie auf die Aussparungen des Lichtes in den gelben Blumen. Die weißen Blumen enstanden, indem die Form von außen umschlossen und das Papier ausgespart wurde. Für die Blätter wurde die Farbe teilweise glasierend aufgetragen.

Ein Künstler bei der Arbeit: Aquarellieren auf nassem Papier

Das Aquarellieren auf nassem Papier ist eine eigenständige Aquarelltechnik. Naß-Aquarelle sehen völlig anders aus als Aquarelle, die auf trockenem Papier ausgeführt wurden. Bewaffnet mit einem Bogen aufgespanntem, nassen Papier, einem extragroßen dicken Pinsel, einer kleinen Schachtel Aquarellfarben und einem Benzinkanister mit Wasser zog Ad Merx in die Polder, um seine *Sicht auf die Waal* zu malen.

I Der Künstler entschied sich für ein Fleckchen an einem der größten niederländischen Flüsse: die Waal. Weil die Landschaft dort so eben und weit ist und die Sicht bis fast zum Horizont reicht, wollte Ad Merx einen Ausschnitt dessen, was ihn an diesem Spätsommerabend fesselte, wiedergeben.

Er ließ zuerst die Landschaft ein Weilchen auf sich einwirken und beschloß dann, den stark bewegten Himmel mit dem Fluß darunter zu malen und die zwischen dem Gebüsch verborgene Steinfabrik, deren Schornstein wie eine Bake in den Himmel ragt.

II Das Aquarellieren auf nassem Papier erfordert eine große Portion Selbstvertrauen und Erfahrung. Will man die Farbtöne in eine bestimmte Richtung lenken, muß man das Verhalten der Aquarellfarbe kennen und damit einen Zweikampf eingehen. Diese Aquarelltechnik besteht darum im wesentlichen aus einer Wechselwirkung zwischen dem, was die Farbe auf dem nassen Papier macht und dem, was der Künstler erreichen will.

Wundern Sie sich nicht über die Größe des Pinsels, mit dem Ad Merx arbeitet. Wir haben in diesem Buch bereits den Vorteil eines Pinsels mit einem ordentlichen Volumen besprochen. Je voller ein Pinsel ist, desto mehr Farbe kann in den Haaren aufgenommen werden. Dabei halten die Haare das Wasser lange, so daß große Flächen angesetzt werden können, ohne erneut Farbe aufnehmen zu müssen.

Ein wichtiger Aspekt dabei ist, daß mit einem dicken Pinsel guter Qualität genauso feine Linien und Tupfer aufgetragen werden können wie mit einem Qualitätspinsel mit weniger Haar.

Der Kunstmaler Ad Merx hat das Extrem gewählt. Er benutzt den Pinsel aber auch so oft, daß er sozusagen Teil seiner Hand geworden ist. Bei der Arbeit klemmt er die Arbeitsplatte zwischen die Knie und hält die Platte ein wenig schräg. Auf diese Weise fließt die aufgetragene Farbe ein wenig nach unten, wodurch sie einfacher zu führen ist. Auf einer waagerechten Ebene entstehen in der aufgetragenen Farbe schnell Flecken, in denen sich das Wasser sammelt. Beim Trocknungsvorgang können sich dann Ränder in der Farbschicht bilden.

III Die ersten Farbtupfer zum Andeuten des Himmels werden oben angesetzt. Blau und Rot vermischen sich dann zu Violett und verlaufen zu einer vagen, gelben Tönung, die immer mehr verblassend und kaum noch wahrnehmbar bis fast zum unteren Teil des Papiers ausläuft, wo die Horizontlinie angegeben werden soll.

Der Kunstmaler übermalt das Klebeband. Er ist sich aber im klaren, daß dieser Teil beim Abschneiden des Aquarells wegfallen wird. Auf diese Weise geht er jedoch sicher, daß sein Aquarell ein 'Vollbild' ergeben wird.

Beim Naß-Aquarellieren muß der Tatsache Rechnung getragen werden, daß die Farbe nach dem Auftrag noch eine Weile in Bewegung bleibt und dadurch die Form beeinflußt. Nach dem Trocknen ist ein naß ausgeführtes Aquarell heller in der Farbe, weil die Pigmente sich zum Teil im Papier ausbreiten.

IV Der gelbe Himmelsstreifen wurde kräftiger gemalt. Er steigt etwas nach rechts an, als Vorbereitung für die später anzubringende diagonale Flucht der tief darüberziehenden Wolken in einer aufklarenden Farbpartie. Unter dem gelben Himmelsstreifen wurde ein rot-violettes Fleckchen angebracht und darunter ein Streifen vertikal aneinandergereihter, kurzer Pinselstriche, die mit der Haarspitze aufgetragen wurden. Dies wurde genau über dem schwarz getönten Wasserwall, der sich dort gebildet hatte (Phase II) ausgeführt. Der Wasserwall, der sich auf dieser Abbildung schon mit Farbe vermischt hat, verhindert das nach unten Abfließen der Farbe. Die unten in der Fläche angebrachte Farbbahn ist die erste Farbschicht, mit der das gegenüberliegende Ufer aufgebaut werden soll.

V Auf der Horizontlinie wurde erneut Farbe aufgetragen, so daß der Ton verstärkt wurde. Es wurde noch eine zweite Farbe hinzugefügt.

Der unterste Farbwall ist durchbrochen und ganz unten auf dem Papier ist eine schwach getönte Fläche aufgetragen, in der – weil die Arbeitsplatte ein wenig schräg steht – die Farbe, mit der die Horizontlinie angegeben wurde, ausfließt.

VI Weil sowohl Papier als auch Farbe sehr naß sind, war es möglich, den Überschuß an Farbe wieder mit dem Pinsel aufzunehmen, um auf diese Weise das Zerfließen zu stoppen.

Beim Arbeiten wurde das Zerfließen der nassen Farbe über die gesamte Fläche gut im Auge behalten, um nötigenfalls sofort eingreifen zu können.

Rechts unten in der Fläche wurden ein Strauch und ein Stück Graben gemalt. Damit wird größere Tiefe erzielt.

Dieser Strauch ist nötig, um die Komposition in ein Gleichgewicht zu bringen, vor allem, weil das gegenüberliegende Ufer in den weiteren Phasen stärker aufgesetzt werden wird.

VII Der Himmel über dem gegenüberliegenden Ufer wurde mit Farbe bereichert, und die tiefhängenden dunklen Wolken wurden hinzufügt.

Achten Sie auf die ansteigende Linie dieser Wolkenpartie. Der rote Schimmer des Himmels gibt dem Aquarell ein gewisses Maß an Wärme. Vergleichen Sie immer die jeweilige Phase mit der vorhergehenden, um die Veränderungen im Aquarell wahrnehmen zu können.

VIII In der linken oberen Ecke des Aquarells ist die Himmelspartie erneut bearbeitet worden und wird zu einem späteren Zeitpunkt eine stärkere Verbindung mit den Wolken bekommen.

Auch das Ufer an der anderen Seite wurde mit Farben bereichert, wodurch die Formen betonter werden.

IX In dieser letzten Phase wurde das gesamte Aquarell nochmals bearbeitet und es erreichte sein Endstadium. Der Himmel ist sehr bewegt, mit nach rechts ziehenden Wolkenpartien in prachtvollen Farbschattierungen. Die Ufer und die Steinfabrik, die sich im Wasser spiegeln, zeichnen sich scharf gegen den Himmel ab.

Die Farben des Himmels verblassen zur Ferne hin. Es ist eine schöne Ausgewogenheit zwischen den hellen und den dunklen Partien erreicht.

Der kräftig betonte Strauch im Vordergrund mit dem ins Wasser ragenden Damm, gibt uns das Gefühl, wir befänden uns selber an diesem Ort und würden von dort die Landschaft und die ständigen Veränderungen darin in uns aufnehmen.

Sicht auf die Waal
– 1987
AD MERX

ERWEITERUNG DES MATERIALS

Nachdem Sie eine zeitlang mit Ihrem Aquarellsortiment und Pinseln gearbeitet haben, können Sie Ihr Material ein wenig erweitern.

DIE AQUARELLFARBE Außer Neutralfarbe und Chinesisch Weiß ist die Erweiterung Ihres Farbsortimentes nur notwenig, wenn Sie sich auf ein bestimmtes Thema spezialisieren wollen, zum Beispiel Portrait, Modell oder Landschaft. Beim Aquarellieren mit der Farbe aus Ihrem Basissortiment haben Sie Erfahrungen gesammelt, und können so Ihren Bedürfnissen entsprechend Ihr Sortiment erweitern.

NEUTRALFARBE Neutralfarbe ist aus einem Verkohlungsprodukt und Dioxazinpigment zusammengesetzt. Es wird oft als Ersatz für Schwarz verwendet, weil es etwas lebendiger im Ton ist. Es besitzt eine bläuliche Glut und ist etwas kühler und transparenter als Schwarz.

CHINESISCH WEIß Chinesisch Weiß enthält Zinkoxid und ist eine halbtransparente Farbsorte. Orthodoxe Aquarellisten lassen es deshalb nicht in ihrem Sortiment zu, andere jedoch, vor allem die englischen, finden es hingegen sehr wichtig. Es hängt von Ihrem persönlichen Geschmack ab, ob Sie Chinesisch Weiß in Ihrem Sortiment haben wollen.

AUSSPARUNGSFILM Aussparungsfilm, auch *drawing gum* genannt, ist eine Flüssigkeit, die beim Aquarellieren als Hilfsmittel verwendet werden kann, um das Weiß des Papiers und helle Farbflächen auszusparen. Weil der Film Farbe abstößt, besteht keine gefahr, daß die behandelten Stellen verschmutzen.

Der Werkstoff trocknet schnell. Pinsel müssen nach Gebrauch sofort mit Wasser und Seife gereinigt werden. Nach dem Trocknen läßt sich der Film nur mühsam aus den Pinselhaaren entfernen.

PINSEL Das Pinselsortiment kann mit einem flachen Gussow erweitert werden, der mit Schweinsborsten ausgestattet ist. Dieser Pinsel wird bei verschiedenen Effekttechniken (siehe Seite 88) benutzt wie Bürsten und Spritzen. Vielleicht hatten Sie schon mal den Wunsch, endlich einmal einen Pinsel mit ordentlichem Volumen zu besitzen.

AQUARELLSTIFTE Aquarellstifte enthalten Pigment, Kaolin (Porzellanerde) und Gummi-arabicum, wobei heute auch wasserlösliche Kunststoffe verarbeitet werden. Das Material ist wasserlöslich, so daß Aquarelleffekte erzielt werden können.

Chinesisch Weiß und Neutralfarbe

Aussparungsfilm ist ein Hilfsmittel beim Aquarellieren.

Gussowpinsel mit Schweinsborsten sind für die Anwendung bei Bürsttechniken geeignet.

Aquarellstifte

Materialproben und Techniken II

DAS ARBEITEN MIT AQUARELLSTIFTEN
Aquarellstifte und Stifte die in Halter gesteckt werden, können nicht nur als eigenständiges Material, sondern auch als ein Ergänzungsmaterial beim Benutzen von Aquarellfarbe angesehen werden.

Aquarellstifte können auf unterschiedliche Weise verwendet werden.

Es ist ein Material, das leicht ins Freie mitgenommen werden kann, zusammen mit einem nicht allzugroßen Aquarellblock, dessen Papierränder verleimt sind.

Es liegt an Ihnen, zu entscheiden, wie Sie dieses Material benutzen möchten. Sie können es als reines Zeichenwerkzeug betrachten. Beim Zeichnen gehen Sie damit wie mit einem normalen Bleistift um, obschon die Zusammensetzung nicht dieselbe ist.

Das Material ist wasserlöslich. Das eröffnet Ihnen wiederum die Möglichkeit, auf nassem Papier zu zeichnen, wobei der Strich vom Wasser beeinflußt wird. Wenn das Papier getrocknet ist, können Sie die Zeichnung mit Aquarellstiften nachbehandeln.

Wieder eine andere Möglichkeit besteht darin, Ihre Zeichnung mit Pinsel und Wasser zu bearbeiten, so daß sich die Farben auflösen, was einen aquarellartigen Effekt ergibt.

Wenn Sie die letztere Technik auf einem einzelnen Bogen Aquarellpapier anwenden wollen, müssen Sie es zuvor aufspannen, wie es auch beim Aquarellieren mit Farbe der Fall ist.

Wenn Sie die Zeichnung mit Wasser und Pinsel weiter bearbeiten möchten, haben Sie wieder zwei Möglichkeiten: Sie können der Zeichnung ganz oder nur teilweise ein aquarellartiges Aussehen geben.

Wasserland
– 1987
PETER VASSILEV

Um Ihnen einen Eindruck davon zu vermitteln, wie das Material sich verarbeiten läßt, machte Peter Vassilev eine Studie, in der er die drei Verarbeitungsmöglichkeiten festhielt. Zuerst zeichnete er eine Wasserlandschaft, nur mit Aquarellstiften. Im linken Teil veränderte er nichts, in der Mitte gab er ein wenig Wasser dazu und den rechten Teil bearbeitete er völlig mit Wasser.
Zum Schluß brachte er in diesem letzten Teil noch einzelne Aquarellfarbtupfer an.

Eine andere Möglichkeit ist, die Aquarellstifte in Kombination mit Aquarellfarbe zu benutzen, indem man zuerst in großen Flächen mit Farbe ein Aquarell ansetzt, das Sie danach mit Stiften ergänzen. Sie können dann außerdem noch bestimmte Teile davon mit Wasser bearbeiten.

Das Abdämpfen der Farbe mit Neutralfarbe Beim Aquarellieren wird schwarze Aquarellfarbe wie Elfenbeinschwarz sehr selten verwendet. Unvermischt macht Schwarz ein Aquarell nämlich hart.

Farben, die in der Regel mit Schwarz gedämpft werden um sie abzudunkeln, verlieren beim Aquarellieren ihre Klarheit und werden fahl. Eine Ausnahme bilden die Mischungen von Schwarz und Gelb, Schwarz und Ockergelb und Schwarz und Gummigutt, was schöne moosgrüne Töne ergibt.

Die hier genannten Einwände gelten nicht für Neutralfarbe, die kühler und blauer im Ton ist. Sie kann unvermischt in einem Aquarell verarbeitet werden, weil Nuancen, die mit Neutralfarbe gemacht werden, nichts an Lebendigkeit einbüßen. Farben, die mit Neutralfarbe abgedämpft wurden, sind trotz ihres dunklen Tons hell und lebendig.

Ein gutes Beispiel dafür ist das Aquarell *Biertrinker* von Will Goris (Seite 80), in dem Neutralfarbe sowohl unvermischt in vielen Nuancen als auch mit Farbe vermischt verarbeitet ist.

Materialprobe **XIV**

Um den Unterschied zwischen Neutralfarbe und Schwarz vergleichen zu können, nehmen Sie für die erste Materialprobe Neutralfarbe um die Farben zu dämpfen, und für die zweite Elfenbeinschwarz.

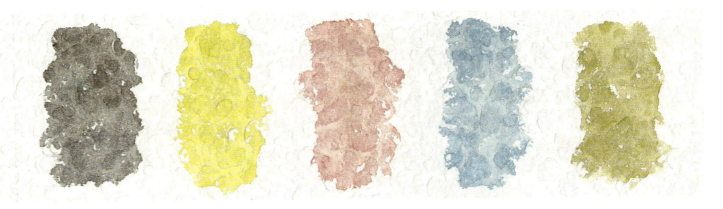

Bei der Anwendung von Neutralfarbe bleiben die Farben leuchtend.

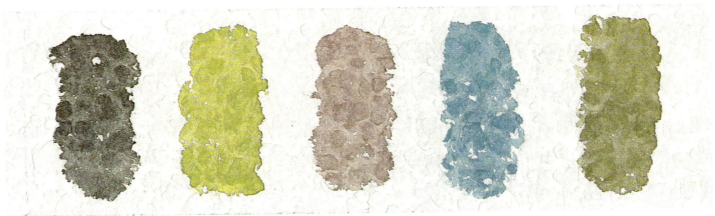

Elfenbeinschwarz macht die Farben grau.

DAS ABSCHWÄCHEN DER FARBEN MIT CHINESISCH WEISS Es ist eigentlich selbstverständlich, daß Aquarellfarben heller werden, wenn sie mit Wasser abgeschwächt werden. In ziemlich allen Aquarellen benutzt man denn auch diese Methode, wenn man Farben abschwächen will. Weniger gebräuchlich ist das Abschwächen unter Verwendung von Chinesisch Weiß, das nicht ganz transparent ist. Doch können zu kräftige Farbflächen, die man nicht abdämpfen will, zurückgenommen werden, indem man sie mit einem dünnen Tupfer Chinesisch Weiß versieht.

Auch wenn das ausgesparte Weiß irgendwann zu aufdringlich ist, kann ein verdünnter weißer Farbstrich, wenn auch mit ein wenig Neutralfarbe oder Farbe gebrochen, die ausgesparte weiße Fläche etwas zurücknehmen, damit es sich besser zu einem harmonischen Ganzen im Aquarell zusammenfügt.

GLANZLICHTER UND CHINESISCH WEISS Für das Angeben von Partien, wo sich ausgeprochene Lichtpunkte befinden, wird meistens das weiße Papier selbst ausgespart oder dies wird mit einem sehr hellen Farbstrich angegeben.

Es ist auch möglich, diesen Effekt mit Chinesisch Weiß zu erzielen, mit dem Unterschied, daß das Weiß erst zum Schluß im Aquarell angebracht wird.

DIE ANWENDUNG VON AUSSPARUNGSFILM Aussparungsfilm ist ein Hilfsmittel, das, weil es die Farbe abstößt, sowohl das Aussparen weißer Flächen als auch das Aussparen von Farbflächen vereinfachen kann. Die auszusparenden Flächen werden mit einem alten Pinsel aufgetragen. Benutzen Sie dafür niemals Ihre wertvollen Pinsel, damit eine Beschädigung des Haares vermieden wird. Der Film muß sofort mit Wasser und Seife ausgespült werden, denn wenn die Haare einmal getrocknet sind, ist die Reinigung sehr schwierig.

Der Film trocknet sehr rasch, so daß direkt weiter gearbeitet werden kann.

Materialprobe **XV**

In diesem Materialprobe sehen Sie, welche Möglichkeiten man mit dem Aussparungsfilm hat und wie er verwendet werden muß.

Um den Versuch schneller vonstatten gehen zu lassen, wurde diese Schicht, genau wie die folgende, mit einem Föhn getrocknet. Beim Aquarellieren können Sie übrigens immer einen Föhn benutzen, zumindest, wenn Sie die Temperatur auf die unterste Stufe einstellen oder, falls das nicht möglich ist, den Trockner in sicherem Abstand halten, damit das Papier nicht ansengt.

Café II – 1984
WILL GORIS

In diesem Aquarell verwendet Will Goris in den verschiedenen Partien Chinesisch Weiß. Die auffälligste Verwendung ist der helle weiße Farbtupfer auf dem Glas, das die Frau im Vordergrund in der Hand hält. Außer diesem unvermischten Tupfer enthält das Aquarell auch noch Mischungen mit Farbe, wie die Tupfer oben rechts neben dem Kopf der Frau, und auch auf dem Tisch wurde vermischtes Weiß benutzt.

Auch in dem Aquarell *Café I* (Seite 50), nahm Will Goris das Weiß, u.a. im Hintergrund des Cafébesuchers links und auf seinem Hemd, wo das Weiß des Papieres zurückgenommen worden ist.

I Mit dem Film wurden einige einfache Flächen angebracht.

II Darüber wird eine gleichmäßig, dünne blaue Aquarellfarbschicht gesetzt.

III Danach wird ein Teil des Films mit einem weichen Spachtel entfernt.

IV In dieser Phase ist erneut, sowohl auf einer weißen als auch auf einer blauen Fläche, Aussparungsfilm angebracht worden, wonach im selben Blauton eine zweite Farbfläche darübergemalt wurde. Hierdurch entstehen zwei Blaunuancen.

V Nachdem dies noch einmal mit einer zweiten blauen und einer roten Farbe wiederholt wurde, ist nach dem Trocknen der gesamte Aussparungsfilm mit dem kleinen Spachtel entfernt worden.

Ein Künstler bei der Arbeit: Anwendung von Aussparungsfilm

In der nun folgenden Serie zeigt Peter Vassilev, wie er den Aussparungsfilm verwendet, um das Arbeiten in einem detaillierten Teil des Aquarells zu vereinfachen.

I Als Thema wählte Vassilev eine Gerümpelecke neben einer Scheune im Garten. Er vertiefte sich in dieses Bild, bevor er die Komposition mit Bleistift auf dem Aquarellpapier festlegte.

Nur die Formen sind angedeutet. Sie sind einziger Anhaltspunkt für die ersten Farbflächen.

II Da die Bleistiftzeichnung sehr dünn aufgetragen wurde, wird diese schon beim ersten Anfeuchten größtenteils ausgewischt. Die Farbflächen übernehmen gleichsam die Hauptformen.

Die gesamte Papierfläche ist mit einer dünnen, transparenten Glasurlage überzogen, so daß das Aquarell ein Ganzes bildet. Die Flächen haben die Grundfarben des Themas und werden in der weiteren Verarbeitung immer ausdrucksvoller.

Manche dieser Flächen werden nicht mehr völlig abgedeckt, so daß ihre sanfte Tönung einen Beitrag zur endgültigen Darstellung liefern wird. Die Färbung im Himmel, auf dem Weg und Hauswand rechts und das Rot des alten Fahrrades sind Beispiele dafür. Vom Papier selbst wurde wenig Weiß ausgespart. Die Farbtöne sind jedoch so hell in der Farbe, daß die Lichtwirkung nicht beeinträchtigt werden wird.

III Durch die dunklen Töne in den Baumpartien hinter der Scheune und dem Blauton im Vordergrund erhält der Garten Tiefe und die Scheune löst sich vom Hintergrund.

Auf der Dachrinne und dem Fenster des rechten Hauses, in der Scheunenöffnung und auf dem Müllsack links vom Fahrrad, ebenso in der rechten Vordergrundpartie, sind bläuliche Schatten angegeben. Außerdem sind die Baumstämme vor der Scheune abgedunkelt.

IV Hier wurde vom Aussparungsfilm Gebrauch gemacht. In der Gerümpelecke sollen viele Einzelheiten angebracht werden. Indem er Aussparungsfilm benutzt, vermeidet der Künstler, daß er eine Menge kleiner Farbtupfer zwischen das Fahrrad und die Pflanzen setzen muß (das würde diesen Teil des Aquarells unruhig machen).

Der Aussparungsfilm schützt die Details und ermöglicht es, Farbflächen darüberzusetzen: Die Farbe wird dann vom Film abgestoßen.

Der Aussparungsfilm wurde auf dem roten Fahrrad, den beiden Baumstämmen, der Kletterpflanze an der Mauer, den Ziegeln rechts vom Fahrrad, ebenfalls auf dem Müllsack aufgebracht, dessen Schattenpartien schon angedeutet wurden und dessen Lichtpartie nun auch ausgespart wird. Im Blumenbeet links im Vordergrund wurden ebenfalls mit dem Film die hellen Flächen ausgespart, die dafür gedacht sind, später mit Blumen ausgefüllt zu werden.

V Die Scheunenwand hat eine Bearbeitung erhalten. Außerdem sind die Baumkronen weiter ausgeführt und der Schatten der Scheune auf dem Haus an der rechten Seite wurde verstärkt.

VI Diese Phase wird vom Anbringen neuer Schattenpartien und dem Verstärken der schon existierenden beherrscht. Beachten Sie die vielen Unterschiede zur vorhergehenden Phase, vor allem die Veränderungen der Belaubung und der Scheunenwand. Die Formen sind nun deutlicher zu erkennen und die Tiefenwirkung ist erhöht worden.

VII Nach der Formenverstärkung wurden mehr Details hinzugefügt, u.a. an der Scheune, der Gerümpelecke, dem Gartenweg und dem Blumenbeet im Vordergrund.

In der Gerümpelecke scheint eine ganze Reihe Farbfleckchen entstanden zu sein, weswegen die Erkennbarkeit abnimmt.

Vergessen Sie aber nicht, daß unter dem Aussparungsfilm noch verschiedene hellere Farben und Lichtakzente verborgen sind.

VIII Zum dritten Mal wurden die Schattenpartien schwerer gemacht, diesmal mit mehr Farbnuancen, wie im Zaun links, der Bewachsung vor der Scheuen, dem Blumenbeet im Vordergrund und den Schatten auf der Mauer. Die schwereren Schatten scheuchen sozusagen die hellen Partien auf, so daß starke Hell-Dunkel Kontraste entstehen.

IX Der Aussparungsfilm ist entfernt, wodurch die darunterliegenden Farben und weißen Flecken wieder sichtbar sind. Auch links im Vordergrund ist dadurch ein heller Tupfer entstanden.

X Die freigewordenen Teile werden mit Schatten versehen, ebenso die Pflanzen und Gräser in dieser Ecke.

Garten mit Scheune
– 1987
PETER VASSILEV

XI In dieser Endphase des Aquarells malte Vassilev die Blumen. Dafür benutzte er auch das weniger transparente Chinesisch Weiß, sowohl pur als auch mit Farbe vermischt.

EFFEKTTECHNIKEN

Die Anwendung von Techniken, die einem Aquarell einen bestimmten Effekt verleihen können, ist immer erlaubt. Eine Effekttechnik darf aber nur angewendet werden, wenn sie sich dem Gegenstand und der benutzten Aquarelltechnik anpaßt und also nicht beherrschend wird. Unter diesem Vorbehalt ist die Verwendung jeden Effekts möglich.

BÜRSTEN Mit einem flachen, harten Gussowpinsel können verschiedene Effekte erzielt werden. Das Bürsten ergibt den besten Effekt auf Aquarellpapier mit ziemlich grober Oberfläche.

Materialprobe XV

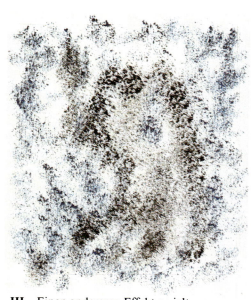

I Verstreichen Sie etwas unverdünnte Aquarellfarbe zu einer gleichmäßigen Fläche auf Ihrer Palette. Dadurch können sich keine Farbklümpchen zwischen den Pinselhaaren bilden.

Nehmen Sie ein wenig Farbe auf und halten Sie den Pinsel fest an der Hülse. Richten Sie die Haare gegen sich, so daß der Stiel von Ihnen weg zeigt. Halten Sie den Pinsel möglichst waagerecht. Stoßen Sie die Haare mit kurzen käftigen Bewegungen an der Papieroberfläche entlang, so daß schroffe, ziemlich trockene Striche entstehen.

Beginnen Sie in einer der oberen Ecken des Papiers und arbeiten Sie diagonal auf die gegenüberliegende untere Ecke zu. Es entsteht eine grobe Struktur. Benutzen Sie nicht zuviel Farbe; die Struktur darf nicht vollaufen.

II Dieser Versuch kann auch mit mehreren Farben durchgeführt werden. Dadurch entsteht die Nuancierung nicht nur in der Farbstruktur, sondern innerhalb der Farben.

III Einen andereren Effekt erzielt man, wenn man den Gussow vertikal benutzt und die Farbe mittels kurzen Stößen auf das Papier 'getupft' wird. Auf diese Weise entstehen auf dem Papier eine Menge kleiner Pünktchen. Dieses Tupfen kann sowohl auf einem trockenem wie auch auf einem nassen Untergrund angewendet werden.

Arik Brauer wandte in seinem surrealistischen Aquarell *Der Knollenesser* das Tupfen an. Das kann man vor allem am Körper der merkwürdigen Gestalt feststellen, an der grünen Knolle und an dem großen Blatt.

Brauer verwendete bei dieser Effekttechnik dicht beieinander liegende Farbnuancen.

Der Knollenesser spielt auf die Unersättlichkeit des Menschen an, der oft aus reiner Gewohnheit Nahrung zu sich nimmt. Die verwurzelten, knollenförmigen Früchte sprießen aus seinem Körper und erinnern an die Redensart 'es kommt mir zu Nase und Ohren heraus.'

Eine humoristische Note in diesem Aquarell ist das blaue Schächtelchen im Vordergrund, dem ebenfalls eine Wurzel entsprießt.

Der Knollenesser – 1968
ARIK BRAUER

Der Frauenhändler
– 1919
GEORGE GROSZ

Dieses karikaturistische Aquarell von Grosz enthält gleichfalls Effekte, die durch Tupfen entstanden sind.

Im Gegensatz zu Brauers Aquarell wurden sie über vorher aufgetragene Farbschichten angebracht, so daß optische Mischfarben entstanden sind.

Grosz ist bei diesem Aquarell von einer Linienzeichnung ausgegangen. Er ließ die Farbe innerhalb der Begrenzung der eingeschlossenen Flächen, unter anderem beim Jackett und dem Hut des Frauenhändlers. Außerdem brachte er nuancierte Farbtöne in der Darstellung an, unter anderem links bei der Balustrade, rechts bei den Häusern und bei den Menschen, die sich dort befinden.

Hiermit bewirkte Grosz, daß der Mann am Tisch Hauptthema wurde vor dem Hintergrund des ihn umgebenden Geschehens.

Materialprobe **XVI**

ABTUPFEN

Mit Abtupfen können Sie verschiedene Effekte erzielen, und zwar sowohl auf trockenem als auch auf nassem Papier. Durch Abtupfen entsteht eine Frottagetechnik, mit der Sie den Eindruck von Bewegung erzielen können. Es ist wichtig, die Farbe die Sie beim Abtupfen benutzen, nur wenig zu verdünnen. Mit einer zu stark verdünnten Farbe geht die Wirkung verloren.

I Taucht man einen Papierpfropfen oder ein Stückchen Schwamm in verdünnte Farbe und tupft damit auf Papier, entsteht die Frottage-Technik, die eine bewegliche Struktur ergibt.

II Führen Sie diese Frottage auch auf einer bereits trockenen Farbschicht aus, so daß der Versuch aus mehreren Farben besteht. Die untenliegende Schicht löst sich dabei nicht auf.

III Wiederholen Sie den vorangegangenen Versuch, aber nun auf einer noch nassen Farbschicht. Der Farbton der untenliegenden Farbschicht vermischt sich mit dem Farbton, der tupfend aufgetragen wird.

Materialprobe **XVII**

SPRITZEN Die Spritztechnik kann auf verschiedene Arten ausgeführt werden. Die Wirkung, die auf trockenem Papier erreicht wird, ist eine andere als die Wirkung auf nassem Papier. Verwenden Sie einen harthaarigen Pinsel. Für feine Spritzer können Sie eine Fixierspritze benutzen.

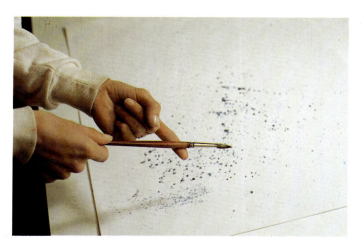

I Zum Erzielen dieses Effektes benutzen Sie einen harthaarigen Pinsel.
 Rühren Sie ein wenig Aquarellfarbe an, so daß sie gut flüssig ist. Halten Sie den Pinsel am oberen Ende fest. Nehmen Sie mit den Haaren Farbe auf und klopfen Sie mit dem Pinselstiel auf Ihre andere Hand, so daß die Farbe aus den Haaren aufs Papier spritzt. Die Menge der aufgenommenen Farbe und die Stärke des Klopfens bestimmen die Größe der verschiedenen Spritzer.

III Feine Farbspritzer können mit einem Fixiersprüher angebracht werden. Dieser Sprüher besteht aus zwei Metallröhrchen, die mit einem Scharnier miteinander verbunden sind, so daß er doppelt zusammengeklappt werden kann.
 Wenn Sie die Röhrchen rechtwinklig zueinander stellen und das dünne lange Röhrchen in ein Töpfchen verdünnte Farbe stecken, können Sie die Farbe versprühen, indem Sie in das dickere Röhrchen pusten. Dieses Vorgehen erfordert ein wenig Übung; es ist nicht gerade einfach, den gewünschten Effekt zu beeinflussen.

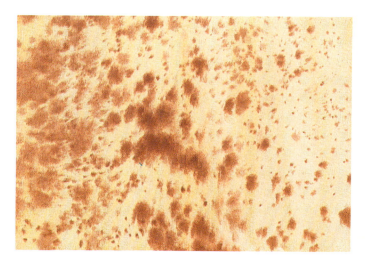

II Führen Sie obenstehenden Versuch auf einer noch nassen Farbschicht aus. Die angebrachten Spritzer werden zerfließen, während sich die Farben teilweise vermischen. Versuchen Sie, das Ziel der Spritzer zu beeinflussen.

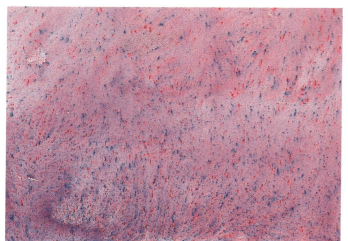

IV Führen Sie obenstehenden Versuch auch auf nassem Papier oder auf einer nassen Farbschicht aus. Die Spritzer werden zerfließen.

Frühlingsblumen –
WENDY VAN KRANENDONK

Dieses Aquarell zeigt eine Kombination aus verschiedenen Materialien. Zunächst wurde mit weichem Graphit eine Zeichnung aufgetragen, wobei die Form der Blumen festgelegt wird. Dann wurden stark verdünnte Aquarellfarbe aufgebracht, so daß ein Spiel zwischen Linie und Farbe entstand. Die frischen Farben unterstreichen noch die Frühlingsstimmung.

Unvollendetes Gemälde
– o.J.
EMIL NOLDE

In diesem Aquarell Emil Noldes wird gut ersichtlich, wie er von den hellen zu den dunklen Farben hin arbeitete. Er führte dieses Aquarell auf trockenem Papier aus und ließ auch jede Farbschicht trocknen, bevor er eine neue auftrug. In dem rosigen Gesicht, das entstanden ist, indem ein stark verdünntes Rot über noch weißen Papier angebracht wurde, befinden sich Spritzer, die er trotz der lockeren Pinselführung dieses Aquarells mit Präzision anbrachte.

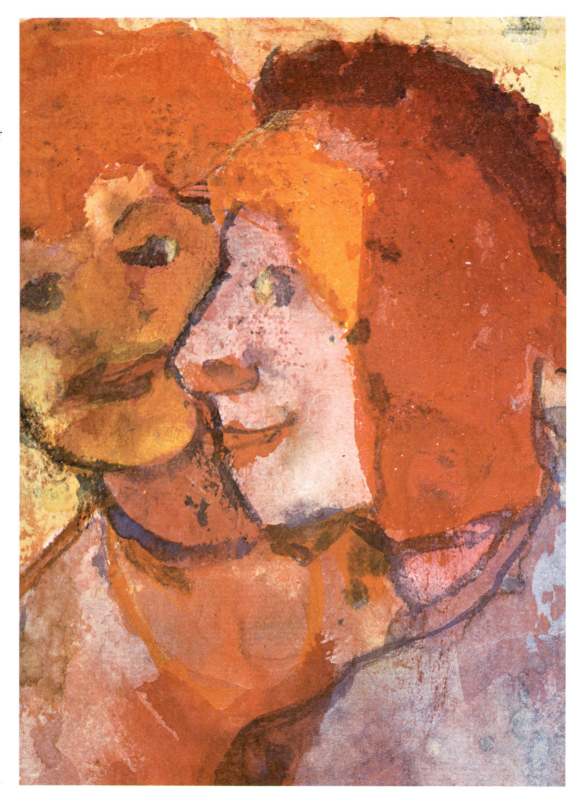

Komala baute diese Winterlandschaft mit weißer und schwarzer Aquarellfarbe auf und brachte die Schneeflocken mittels Spritzern an. Er benutzte dafür das halbtransparente Chinesisch Weiß. Weil er die Schneeflocken erst in der letzten Phase seines Bildes anbrachte, und die Flocken außerdem so groß sind, wird der Eindruck erweckt, man nähme durch die Flocken hindurch die Winterlandschaft wahr. Hiermit hat Komala erreicht, daß der Betrachter sich in die Darstellung einbezogen fühlt.

Winterlandschaft
– 1986
ROB KOMALA

RADIEREN UND KRATZEN Durch Radieren mit einem Radiergummi für Tinte und Kratzen können getrocknete Aquarellfarbpartien aufgehellt werden. Diese Effekttechniken können jedoch nur auf festem Aquarellpapier ausgeführt werden. Die Gefahr der Beschädigung ist bei der Anwendung auf dünnerem Papier zu groß.

Materialprobe XVIII

Interieur – Ausschnitt I und II
PETER VASSILEV

In dem Aquarell *Interieur* (Seite 66) von Peter Vassilev wurde das Auskratzen angewendet, um Lichtakzente zu verstärken. Hier sehen Sie einen Ausschnitt aus diesem Aquarell, das obere Fenster. Der Lichteffekt wurde durch Kratzen angebracht.

Auch im zweiten Ausschnitt – einem Teil des Fußbodens – wurde die Farbe in den Kerben der Dielenbretter gleichfalls mit einem Messerchen bearbeitet.

I Setzen Sie für diesen Versuch eine Farbfläche an und lassen Sie sie sehr gut trocknen. Bedecken Sie diese Fläche danach teilweise mit einer zweiten Farbe. Wenn beide Farbschichten gut getrocknet sind, hellen Sie mit einem Radiergummi sowohl einen Teil der ersten Farbschicht als auch einen Teil der beiden übereinanderliegenden Farbschichten auf.

III Sehr feine helle Linien können Sie in der Farbfläche anbringen, indem Sie mit einem scharfen spitzen Messer die Farbe wegkratzen. Auch dies muß wiederum sehr vorsichtig geschehen um das Papier so wenig wie möglich zu beschädigen.

II Es kann sein, daß Sie irgendwann einen scharfen Lichtstreifen in eine Fläche setzen wollen. Einen solchen Streifen kann man schwierig aussparen. Zeichnen sie deshalb die Form auf ein Stück festes Zeichenpapier und schneiden Sie es mit einem scharfen Messer zu einer Schablone aus.
Legen Sie diese Schablone auf die Stelle, an die der Strich kommen muß. Halten Sie das Papier nun gut fest und radieren Sie die darunterliegende Farbe vorsichtig weg.

IV Anstatt ein Detail eines Bildes mittels Kratzen aufzuhellen ist es auch möglich, ein solches Detail zu verdunkeln. Diese Technik wird angewendet, wenn straffe dunkle Strukturen in einer Aquarellpartie angebracht werden sollen.
Kratzen Sie die Strukturen mit einer Messerspitze, einer Ätznadel oder einer Stopfnadel in das Papier. Übertreiben Sie nicht, denn dann würden Sie das Papier so beschädigen, daß es nicht mehr zu gebrauchen ist. Tragen Sie über den Kratzern verdünnte Aquarellfarbe auf. Da das Papier durch das Kratzen etwas angerauht ist, wird die angebrachte Farbe sich an dieser Stelle verdunkeln, so daß straffe, dunkle Linien entstehen.

MISCHTECHNIKEN

Aquarellfarbe kann mit vielen anderen Zeichen- und Malmaterialien kombiniert werden. Vor allem beim häufigen Experimentieren mit Kombinationen können überraschende Effekte entstehen, von denen manche sicherlich auch bei der Ausführung eines Aquarells angewendet werden können.

Es würde zu weit führen, die vielen verschiedenen Möglichleiten an dieser Stelle zu besprechen.

Es werden hier daher auch keine Materialproben gegeben. Anstelle dessen zeigen wir Arbeiten von Künstlern, die Techniken kombinierten und ihrem Aquarell Material hinzugaben, um des gewünschte Ziel zu erreichen. Wir hoffen, daß sie Sie inspirieren werden!

ANWENDUNG IN GEMÄLDEN

Der Kartenspieler – 1984
WILL GORIS

Der Kartenspieler wurde mit syberischer Kreide auf Aquarellpapier vorskizziert, in der Absicht, diese in das Aquarell mit einzubeziehen.

Syberische Kreide ist ein gepresstes Holzkohleprodukt, das sehr tiefschwarze Töne ergeben kann.

Die Kreide wird von der Aquarellfarbe nicht aufgelöst. Wenn Farbe über einer mit syberischer Kreide angefertigten Zeichnung angebracht wird, verblaßt die Kreide ein wenig und der Ton wird etwas zurückgedrängt.

Die Zeichenlinien, die über trockenen Farbflächen angebracht werden, geben zusammen mit den verblaßten Strichen dem Aquarell Tiefe.

Spaziergang – 1923
PAUL KLEE

Klee verarbeitete in diesem Aquarell schwarze Tinte. Dafür brachte er eine Strichzeichnung auf nassem Untergrund an, wodurch die Linien stark zerflossen.

Die Spaziergänger wurden auf einer etwas angetrockneteren Farbschicht gezeichnet. Sie sind also weniger auseinandergeflossen und scheinen sich deshalb stärker vom Hintergrund zu lösen.

Vollmond im September
– 1883
CHARLES RENNIE
MACKINTOSH

Mackintosh setzte dieses Aquarell mit gewöhnlichem Graphitstift an und füllte es dann mit Aquarellfarbe so aus, daß die Farbe innerhalb der Grenzen seiner Zeichnung blieb.

Die scharfen Linien der Konturen im Vordergrund werden zum Hintergrund hin vager. Dies erreichte Mackintosh, indem er die blaue Farbe des Hintergrundes teilweise über die Zeichnung kommen ließ und im Vordergrund die Farben kräftiger benutzte.

Die warme gelbe Fläche des Mondes zieht in diesem Aquarell die meiste Aufmerksamkeit auf sich und wird zum Zentrum der Darstellung gemacht.

Newton – 1795
WILLIAM BLAKE

Schon früh kombinierte Blake in seinen Arbeiten verschiedenste Materialien. Er erreichte ein sehr hohes Niveau auf diesem Gebiet. Bei der Anfertigung dieses Gemäldes ging Blake von einem Monotypen aus. Er malte dafür die Darstellung spiegelverkehrt mit dicker, mit Tempera angesetzter Farbe auf Karton. Dieses Bild drückte er auf Papier. Durch den Leim entstanden verdickte Strukturen. Der noch nasse Abdruck wurde mit Tempera ergänzt. Nachdem der Monotyp getrocknet war, wurde das Bild mit Aquarellfarbe und schwarzer Tinte weiter ausgearbeitet.

Der Traum – 1897-1903
FERDINAND HODLER

Der Traum ist eines der bekanntesten Gemälde Hodlers. Das Bild wurde auf Karton ausgeführt, den der Künstler mit braunem Packpapier beklebt hatte.

Hodler verwendete für dieses Bild eine große Menge verschiedener Materialien, Bleistift, ostindische Tinte, Buntstifte, Aquarellfarbe, Gouache und Ölfarbe.

Dieses Gemälde ist ein typisches Beispiel der romantischen, stark individualistischen und antihistorischen Stilform des *Jugendstil*.

Die Kartenspieler – o.J.
BOB TEN HOOPE

Für die Ausführung der *Kartenspieler* wurden die Farben hauptsächlich vorab auf der Palette gemischt. Ten Hoope benutzte dafür die direkte Aquarelltechnik. Das Aquarell wurde mit einer Filzstiftzeichnung ergänzt.

Die Figuren im Vordergrund sind stärker ausgearbeitet als der Mann im Hintergrund. Mit den Farben ist es ebenso.

A travers le monde – 1981
BOB TEN HOOPE

Bob ten Hoope war eines Tages zugegen, als in einer Gaststätte ein Grüppchen Stammgäste heftig bei einem Glas Weißwein die Weltneuigkeiten diskutierten.

Mit Aquarellfarbe legte er die Szene in *A travers le monde* fest. Ten Hoope benutzte mit Chinesisch Weiß vermischte Aquarellfarbe, um einen besseren Kontrast zwischen dem bedruckten Zeitungspapier und den Farben zu erhalten. Er füllte die Zeichnung mit Holzkohle ans.

Aquarellstudie:
Früchte
o.J.
RIA VEENBOER

Diese Studie ist ebenfalls ein Beispiel für die Verarbeitung von Aquarellfarbe in Kombination mit einem anderen Material. Der Gegenstand wurde zunächst dünn mit sibirischer Kreide gezeichnet. In die Skizze wurden nur Linien gezeichnet, die als Anhaltspunkt für das Aquarell dienen. Dann werden überflüssige Kreidelinien mit Knetgummi abgenommen, während stärkere Kreideakzente zur Unterstützung der Form aufgetragen werden, gleichfalls mit sibirischer Kreide.

WENN ETWAS SCHIEFGEHT

DAS KORRIGIEREN EINES AQUARELLS   Vorallem am Anfang kann es passieren, daß Sie mit einem Aquarelll nicht zufrieden sind oder daß irgendwo etwas nicht geglückt ist.

Wegen der Transparenz der Aquarellfarben ist es nicht möglich, 'Reperaturen' auszuführen, indem man die bewußten Partien übermalt. Das Korrigieren bleibt bei einem Aquarell immer ein Kunststück. Es gibt jedoch ein paar Lösungen, die wir Ihnen nicht vorenthalten wollen.

STELLENWEISES AUSBESSERN VON FEHLERN
Wenn lediglich eine kleine Fläche im Aquarell ausgebessert werden muß, gehen Sie dabei folgendermaßen vor:

Befeuchten Sie die auszubessernde Fläche gut. Nehmen Sie dafür einen Pflanzensprüher oder einen weichen Schwamm. Lassen Sie den Flecken einige Zeit einweichen und tupfen Sie den Flecken mit einem Papiertuch ab. Wiederholen Sie das solange, bis die meiste Farbe aufgenommen ist.

Wischen Sie dabei nicht durch die Farbe, denn sonst reiben Sie das Pigment ins Papier und beschädigen unnötig andere Partien. Lassen Sie das Papier gut trocknen sodaß es sich spannt.

Sollten Sie das auszubessernde Aquarell schon von der Arbeitsplatte losgeschnitten haben, müssen Sie es vor dem Befeuchten bestimmter Partien erst wieder aufspannen.

Machen Sie es vor dem Aufspannen auf der Rückseite gut naß. Wiederholen Sie dies einige Male, so daß das Papier genügend Feuchtigkeit aufnehmen kann.

Nach dem Aufspannen kann der zu korrigierende Flecken behandelt werden. Lassen Sie das Aquarell danach wieder gut trocknen.

Sollten sich lediglich kleine Fehler in Ihrem Aquarell befinden, dann lösen Sie die Farbe mit dem Pinsel auf.

Sie können auch versuchen, die betreffende Stelle mit dem Tintenradiergummi auszuradieren. Achten Sie aber gut darauf, das Papier dabei nicht zu beschädigen.

Eine weitere Möglichkeit besteht darin, die Stelle mit einem Messerchen abzukratzen. Auch hierbei ist äußerste Vorsicht geboten.

DAS AUSWASCHEN EINES AQUARELLS Der am häufigsten auftretende Fehler, der beim Aquarellieren gemacht wird, ist das zu kräftige Ansetzen der Farbe, wodurch der beabsichtigte transparente Charakter verloren geht.

Die Farbe wurde zu dick aufgetragen oder sie wurde zu lange bearbeitet, so daß die Farbtöne nicht hell genug sind.

Außerdem wird oftmals zu zeichnerisch gearbeitet, mit zu vielen gezeichneten Einzelheiten, und das kann die Attraktivität eines Aquarells deutlich mindern.
In einem solchen Fall muß das Aquarell ausgewaschen werden. Die aufgetragenen Pigmentpartikelchen lösen sich dann zum größten Teil auf, wodurch die Malerei verblaßt.

Schneiden Sie dafür das aufgespannte Aquarell von der Arbeitsplatte los und legen es in ein großes Gefäß mit Wasser. Sorgen Sie dafür, daß das Papier ausreichend Platz hat, damit sich keine Falten und Knicke bilden können.

Sollten Sie kein großes Gefäß besitzen, legen Sie das Aquarell dann in ein wenig Wasser in der Badewanne oder auf den Boden der Dusche.

Lassen Sie das Aquarell eine Weile im Wasser liegen, damit sich das in der Farbe befindliche Gummi Arabikum auflösen kann und die Pigmentpartikelchen die Möglichkeit haben, sich vom Papier zu trennen.

Nehmen Sie danach einen weichen Schwamm und reiben Sie damit vorsichtig über das Bild. Das Papier ist nun sehr aufgeweicht und kann daher leicht kaputtgehen.

Die meiste Farbe können Sie auf diesem Wege entfernen und es wird ein blasses Aquarell auf dem Papier zurückbleiben.

Weil sich das Papier wegen des Wassers stark gedehnt hat, muß es erneut aufgespannt werden. Legen Sie die Arbeitsplatte flach hin und lassen Sie das Aquarell gut trocknen. Benutzen Sie keine Wärmequelle um den Vorgang zu beschleunigen, denn wenn Sie das tun, kann das Papier reißen. Während einer gleichmäßigen Trocknung wird das Papier sich wieder spannen.

Wenn das Aquarell völlig trocken ist, ist es um noch einige Töne heller geworden. Lediglich die ganz weißen Töne werden verloren gegangen sein.

Das Aquarell ist nun aber hell genug getönt um den Lichteinfall erneut festzulegen.

Bauen Sie das Aquarell nun langsam wieder auf. Bedenken Sie dabei gut die auszuführenden Handlungen, damit Sie nicht in die Fehler verfallen, die sie beim ersten Mal begangen haben.

Das Aquarell muß zuerst in Wasser einweichen.

Die aufgeweichten Farbpartikelchen werden vorsichtig mit einem Schwamm aufgenommen.

104

Pflege und Instandhaltung

Aquarellfarbe

Näpfchen und Blöckchen In den Näpfchen und auf den Blöckchen können nach einiger Zeit Farbvermischungen entstehen, weswegen die ursprüngliche Farbe nicht mehr gut zu erkennen ist. Sie können Ihrem Aquarellkasten neuen Glanz verleihen, indem Sie mit einer Pipette auf jeder Farbe ein Tröpfchen Wasser anbringen. Nach einer Minute ist die oberste Farbschicht aufgelöst und kann mit einem Schwämmchen abgenommen werden. Die ursprüngliche Farbe ist dann wieder sichtbar.

Wenn Sie die Aquarellfarbe einige Zeit nicht benutzen, legen Sie den Kasten flach hin, damit die Farbe an Ort und Stelle bleibt.

Die Aquarellfarbe benötigt ansonsten keine weitere Pflege.

Tuben Farbe aus Tuben bringen Sie auf einer Palette an. Drücken Sie dabei stets am Tubenende und niemals hinter dem Verschluß. Je leerer die Tube wird, desto mehr müssen Sie die Farbe hochdrücken und die Tube aufrollen, so daß die Farbe mehr oder weniger zusammengepreßt wird. So verhindern Sie das Austrocknen der Farbe.

Säubern Sie immer das Schraubgewinde, ehe Sie den Deckel wieder auf die Tube schrauben. Wenn eine Tube sich nicht leicht öffnen läßt, legen Sie sie in ein wenig lauwarmes Wasser. Die getrocknete Farbe, die sich auf dem Gewinde festgesetzt hat, löst sich dann auf. Versuchen Sie es nicht mit Gewalt, die Tube kann sonst reißen.

Farbe, die nach dem Malen auf der Palette übrigbleibt, kann immer wieder benutzt werden, auch wenn sie eingetrocknet sein sollte. Träufeln Sie auf jede Farbe ein Wassertröpfchen, damit sich die Farbe schneller auflöst: das schont Ihre Pinsel.

Bewahren Sie den Farbkasten liegend auf, damit die Farbe nicht wegfließen kann. Offene Paletten müssen gegen Staub abgedeckt werden.

Pinsel

Aquarellpinsel dürfen nur für Wasserfarben benutzt werden. Ölfarbe hinterläßt kleine Fettpartikelchen in den Haaren, wodurch die Farbe beim Aquarellieren abgestoßen würde.

Sollte ein Pinsel unerwartet dennoch fettig werden, spülen Sie die Haare in lauwarmem Wasser mit einer schwachen Seifenlösung. Nehmen Sie dafür niemals Haarshampoo: Es enthält ölige Bestandteile, um Ihr Haar in Form zu halten. Aber Sie können ein wenig Ochsengalle in die Handfläche nehmen und den Pinsel vorsichtig hindurchziehen. Spülen Sie den Pinsel stets mir klarem, lauwarmem Wasser nach.

Schütteln Sie die Haare aus und bringen Sie sie nötigenfalls mit einem Schwamm wieder in ihre ursprüngliche Form zurück. Machen Sie die Haare nicht in einem Tuch trocken. Die kleinen Textilfasern des Gewebes verschmutzen Ihr Aquarell.

Auch beim Malen dürfen die Wasserfarbpinsel nicht im Wasser stehen bleiben. Die Haare verlieren sonst sehr bald ihre Form. Sollte es dennoch einmal vorkommen, spülen Sie den Pinsel gut aus und bringen Sie die Pinselhaare mit Gummi Arabikum wieder so gut wie möglich in Form. Stellen Sie den Pinsel mit den Haaren nach oben weg und lassen Sie ihn einige Tage trocknen. Weichen Sie danach den Leim wieder auf, indem Sie die Haare mit lauwarmem Wasser abspülen. Geben Sie dem Leim Zeit, sich aufzulösen und versuchen Sie nicht, den Vorgang zu beschleunigen, indem Sie die Haare mit den Fingern abreiben. Benutzen Sie niemals heißes Wasser! Der Leim, mit dem die Haare in der Hülse befestigt sind, löst sich dann nämlich ebenfalls auf und Ihr Pinsel verliert alle Haare.

In einem Pinselmäppchen sind Ihre Pinsel sicher.

Eine Pinselschachtel aus Metall eignet sich zum Aufbewahren kleiner Pinsel.

AUFBEWAHRUNGSMÖGLICHKEITEN FÜR PINSEL Da Wasserfarbpinsel weiche Borsten haben, müssen Sie achtgeben, daß sie – vor allem wenn sie transportiert werden – nicht beschädigt werden. Lassen Sie auch beim Aquarellieren die Pinsel niemals im Wasser stehen, sondern stellen Sie sie mit den Haaren nach oben in ein Gefäß oder klemmen Sie sie in die Feder eines Pinselhalters. Sie können sie auch flach hinlegen. Sie können Ihre kostbaren Wasserfarbpinsel beim Transport auf folgende Arten schützen:

Mit Pinselmatten aus gespaltenem Bambus, der mit Fäden miteinander verbunden ist. Die Pinsel legen Sie auf die Matte, die aufgerollt wird.

Sie können auch über die Länge der Matte ein Gummiband einnähen und die Pinsel zwischen die dadurch entstandenen Ösen stecken, so daß sie nicht mehr wegrutschen können.

Pinselkästen aus Metall sind mit einer Feder versehen, in die die Pinsel geklemmt werden können. Sie sind gut geeignet für dünne Pinselstiele. Dicke Pinselstiele bleiben nicht sicher an ihrem Platz.

Pinselköcher sind in verschiedenen Größen erhältlich. Es gibt sie sowohl aus Holz wie aus Kunststof. Sie sind gut geeignet, wenn Sie die Pinsel mit einem Gummiband auf einem Streifen festen Karton, Holz oder Kunststoff befestigen, den Sie in den Köcher schieben. So können die Pinsel nicht mehr verrutschen. Tun Sie dies nicht, werden die Haare wahrscheinlich doch beschädigt.

Für hartborstige Pinsel ist dies nicht nötig. Die harten Haare sind fest und elastisch und können auch mal einen Stoß vertragen.

Eine andere Lösung ist, die Plastikschutzhülse, die sich beim Kauf um dünnere Pinsel befinden, immer nach Gebrauch über die Haare zu schieben.
Vielleicht kann Ihr Händler Ihnen zu ein paar Hülsen verhelfen.

AQUARELLPAPIER Aquarellpapier kann in einer Zeichenmappe aufbewahrt werden. Das verhindert Verstauben, Beschädigung und frühzeitiges Vergilben des Papiers. Legen Sie die Mappe wenn irgend möglich flach hin, damit das Papier nicht hinunterrutschen kann.

Papier zieht Feuchtigkeit an. Bewahren Sie es deshalb in einem trockenen Raum bei Zimmertemperatur auf.

AQUARELLE Sie werden nicht jede Arbeit einrahmen. Verwahren Sie darum nicht alle ungerahmten Aquarelle in einer Mappe. Decken Sie jedes Aquarell mit einem Bogen Löschpapier oder dünnem Zeichenpapier ab, damit sie nicht beschädigt werden wenn sie übereinander schieben.

Die Anschaffung eines oder mehrerer Wechselrahmen ist eine lohnende Investition. Sie können dadurch regelmäßig andere Aquarelle ausstellen und längere Zeit betrachten. Durch diese Beobachtungen können Sie besser bestimmen, welche Techniken und Ausdrucksformen Sie am meisten ansprechen; und so entwickeln Sie einen eigenen Stil und eine eigene Farbpalette.

Kleinere Aquarelle werden oft in ein Passepartout getan, um ihnen mehr Raum zu geben. Das Anfertigen eines Passepartouts wird im Kapitel 'Das Rahmen von Aquarellen' auf Seite 110 besprochen.

Von oben nach unten: Eine hölzerne Pinselkasten.

Eine Pinselkasten aus Kunststoff, in der große Pinsel passen.

Ein Pinselkasten für kleine Pinsel.

Durch eine besondere Vorrichtung können die Pinsel im Köcher nicht beschädigt werden.

Das firnissen eines Aquarells

Im allgemeinen gibt es nur wenige Künstler, die ihre Aquarelle firnissen. Materialtechnisch gesehen hat die Farbschicht auch gar keinen Schutz nötig. Wenn ein Aquarell sofort hinter Glas kommt, wird es dadurch vor Schmutz, Feuchtigkeit und Beschädigung geschützt.

Dieses Vorgehen befriedigt sicherlich nicht jeden. Man empfindet das Spiegeln des Glases als störend und ist auch der Meinung, daß, selbst wenn entspiegeltes Glas genommen wurde, das Aquarell an Intensität einbüßt. Man beläßt es dann auch oftmals bei einem Rahmen ohne Glas.

Der Nachteil dabei ist wiederum, daß das Aquarell den atmosphärischen Einflüssen ausgesetzt ist, wobei Beschädigung der nicht wasserfesten Farbschicht nicht auszuschließen ist. In einem solchen Fall ist es anzuraten, das Aquarell zu firnissen.

Bevor sie diesen Entschluß fassen, empfiehlt es sich, zuerst eine Materialprobe auf einer gleichen Papiersorte wie das zu firnissende Aquarell mit einer solchen Firnisschicht zu versehen.

AQUARELLFIRNIS Dieser Firnis wird speziell zum Firnissen von Aquarellen hergestellt. Er hat farblose, lichtechte Kunstharze, die in leicht flüchtigen Mitteln gelöst sind, als Basis. Der Firnis ist in Fläschchen im Handel erhältlich.

Der Firnis hat wenig Einfluß auf die Mattheit der Aquarellfarbschicht, verdunkelt die Farben kaum und gilbt nicht nach. Aquarellfirnis ist leicht entflammbar. Benutzen Sie ihn also nicht bei offenem Feuer! Arbeiten Sie immer in trockenen Räumen. Eine feuchte Umgebung kann dem Firnis einen weniger transparenten Film geben.

Gießen sie etwas Firnis in ein Schüsselchen. Niemals rühren! Hierdurch können sich Luftbläschen bilden, die kleine Löcher in der Firnisschicht hinterlassen.

Benutzen Sie zum Anbringen des Firnis einen weichborstigen Spalter.

Legen Sie Ihr Aquarell flach hin und firnissen Sie dünn von oben nach unten in schnell aufeinanderfolgenden Bewegungen. Führen Sie den Spalter locker und üben Sie wenig Druck aus. Streichen Sie nicht ein zweites Mal über eine bereits gefirniste Partie. Die Firnisschicht zieht sich dann nicht mehr schön zusammen, wobei die Gefahr besteht, daß sich die Aquarellfarbe auflöst.

Warnung! Nicht alle Aquarellfirnisse, die im Handel sind, erhalten dem Aquarell die erforderliche Mattheit. Manche Firnisse, die zwar einen guten Schutz bieten, trocknen aber mehr oder weniger glänzend und verändern dadurch das Aussehen des Aquarells in hohem Maße. Eine gute Beratung durch Ihren Händler und ein kleiner Materialversuch sind sehr wünschenswert.

Decken Sie das Aquarell mit einer Glasplatte, Karton oder etwas ähnlichem ab, auf zwei Klötze gestützt, damit die Oberfläche beim Trocknungsvorgang, der einige Stunden dauert, nicht durch Staub verschmutzt werden kann.

Nach dieser Behandlung ist das Aquarell ziemlich wasserfest. Reinigen Sie den Spalter in Terpentin, waschen Sie ihn danach mit reiner Seife und Wasser nach und spülen ihn mit lauwarmem Wasser aus.

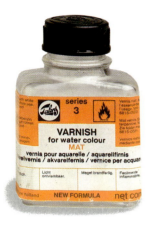

Dieser Aquarellfirnis wird mit einem weichborstigen Spalter aufgetragen.

Legen Sie das Aquarell zum Firnissen flach hin. Führen Sie das Firnissen in gleichmäßigen Strichen aus.

PROTECTING-SPRAY   Eine andere Möglichkeit ist Protecting-Spray (Talens).

Dieser Universalfirnis hat Acrylharz, der ebenfalls in leicht flüchtigen Stoffen gelöst ist, als Grundstoff.

Das Spray trocknet rasch und macht das Aquarell etwas dunkler in der Farbe. Darum sollte dieses Spray nicht nur stellenweise angewendet werden.

Das Spray ist leicht entflammbar. Firnissen Sie deshalb nicht bei offenem Feuer und rauchen Sie nicht beim Arbeiten.

Setzen Sie das Aquarell vertikal ab und bringen Sie den Firnis aus einem Abstand von 30 cm an, mit gleichmäßigen Bewegungen. Tragen Sie ihn vor allem dünn auf.

Durch das Firnissen entsteht eine wasserfeste, fixierte Schicht, die das Aquarell ausreichend schützt.

Je nach Anzahl der aufgetragenen Firnisschichten wird die Oberfläche anfangen zu glänzen, wodurch das Aquarell seinen Charakter verliert. Bewahren Sie das Protecting-Spray an einem kühlen, frostfreien Ort auf.

PASTELLFIXATIV   Schließlich besteht noch die Möglichkeit, das Aquarell mit Pastellfixativ zu fixieren. Obwohl dieses Fixativ speziell für das Fixieren von Weichpastellzeichnungen entwickelt wurde, liefert es auch ein gutes Ergebnis als leichter Schutz eines Aquarells.

Das Fixativ ist auf der Basis farbloser Harze, die u.a. in Alkohol gelöst sind, hergestellt. Es gilbt nicht nach.

Dieses Fixativ ist, ebenso wie Aquarellfirnis und Protecting-Spray, leicht entflammbar.

Es ist ratsam, dieses Fixativ mit einem Sprüher anzubringen. Das geht schnell, wodurch der Alkohol keine Chance hat, die Aquarellfarbe aufzulösen. Von der Verwendung einer Fixierspritze ist abzuraten, es sei denn, man hat soviel Erfahrung damit, daß das Fixieren schnell und gleichmäßig vonstatten gehen kann.

Bewahren Sie die Sprühdose an einem kühlen, frostfreien Ort auf.

Stellen Sie Ihr Aquarell aufrecht, wenn Sie ein Firnis-Spray anbringen.

Pastellfixativ ist eine gute Alternative für das Fixieren eines Aquarells.

Protecting-Spray ist ein Universalfirnis.

Das rahmen eines Aquarells

Im Kapitel 'Pflege und Instandhaltung' (siehe Seite 104) wurde schon erwähnt, daß Sie Ihre Aquarelle mit einem Löschpapier oder dünnem Zeichenpapier abdecken müssen, um zu gewährleisten, daß sie nicht beschädigt werden, wenn sie sich übereinander schieben. Es wurde auch kurz auf die Möglichkeit der Anschaffung eines oder mehrerer Wechselrahmen und das Anbringen eines Aquarells in einem Passepartout eingegangen.

Da die Anschaffung von Wechselrahmen und gutem Passepartout-Karton für all Ihre Aquarelle eine sehr kostspielige Angelegenheit ist, sollten Sie diese zuerst in ein provisorisches Passepartout setzen können. Diese Arbeits-Passepartouts können Sie beispielsweise aus festem Zeichenpapier schneiden.

Auf diese Weise sehen Ihre Arbeiten ordentlich verarbeitet aus und sind gleichzeitig geschützt.

Wenn Sie ein Aquarell hinter Glas setzen möchten, müssen Sie daran denken, daß die Oberfläche der aufgetragenen Farbschicht nicht völlig plan ist, genausowenig wie das Papier. Daher darf die Farbschicht das Papier nicht berühren.

Außerdem kann Ihr Aquarell auch nicht so schön wirken, wenn die Farbschicht gegen das Glas gedrückt wird.

Es gibt Spezialrahmen, bei denen die Innenseite des Glases am Rand mit einem Kunststoffstreifen versehen ist. Dessen Stärke trennt die Arbeit von der Glasplatte. Diese Rahmen sind relativ teuer.

Sie können etwas ähnliches aber auch selber anbringen. Wenn Sie sehr dünne Holzstreifen in die Rahmenfuge legen, erreichen Sie den selben Effekt.

Eine zweite Möglichkeit besteht darin, Ihr Aquarell zuerst in ein Passepartout zu setzen und danach in den Rahmen zu bringen. Dieser Rahmen benötigt dann keine zusätzliche Vorrichtung mehr, weil die Stärke des Passepartouts das Aquarell vom Glas fernhält.

Ein Passepartout erfüllt noch eine weitere Funktion; es gibt dem Aquarell Raum. Die Größe des Raumes kann unterschiedlich sein. Es gibt verschiedene Systeme, um das richtige Verhältnis zu berechnen. Bevor eine Reihe Möglichkeiten hier erläutert werden, müssen Sie wissen, was Passepartoutkarton ist und worin die Vor- und Nachteile beim Anschaffen und Selber-Schneiden eines Passepartouts bestehen.

Passepartoutkarton ist ein speziell hergestellter, säurefreier, beklebter Karton und ist in verschiedenen Farben und Stärken erhältlich.

Für kleine Arbeiten kann eine dünne Sorte benutzt werden, aber große Aquarelle benötigen einen festen Halt, wenn sie Abstand zum Glas haben und nicht im Rahmen herunterrutschen sollen.

Passepartoutkarton ist ziemlich teuer. Darum ist es oft nicht möglich, Muster zu bekommen. Bitten Sie Ihren Händler Ihnen ein paar Sorten zu zeigen.

Der Karton wird in Platten von ungefähr 70 x 100 cm verkauft. Es ist nahezu unmöglich, ein kleineres Stück davon zu kaufen. Dem Händler bleibt dann zuviel Verschnitt. Wenn der Händler selber Passepartouts zuschneidet, nimmt er dazu meistens be-

Ein Passepartout Schneider von guter Qualität ist unverzichtbar.

stimmte Maße, um eine Platte so günstig wie möglich einzuteilen.

Das Selber-Zuschneiden eines Passepartouts erfordert einige Übung und das Ergebnis ist sehr vom Material, mit dem Sie den Karton zuschneiden, abhängig.

Es gibt viele Sorten Passepartoutschneider zu kaufen, aber leider sind die meisten qualitativ schlecht.

Sie sollten sich besser ein geeignetes Messer anschaffen als einen Schneider, mit dem Sie 'kämpfen' müssen.

Möchten Sie sich einen Schneider kaufen, bestehen Sie auf einer Vorführung vor dem Kauf. Ein sehr guter, aber auch ziemlich teurer Passepartoutschneider ist der Logan hand matcutter von Logan Graphic Products, Inc. (U.S.A).

Außer einem guten Messer oder Schneider benötigen Sie für die Ausführung und das Befestigen des Aquarells eine Metallschneidlineal und spezielles säurefreies Klebeband. Gewöhnliches Klebeband enthält Leimsorten, die das Papier auf die Dauer angreifen würden.

Üben Sie solange, bis Sie im Umgang mit dem Messer und dem Schneider genügend Erfahrungen gesammelt haben. Benutzen Sie dafür zum Beispiel ziemlich starkes Zeichenpapier oder Elfenbeinkarton. Wegen der großen Unterschiede der Schneider auf dem Markt ist es nicht sinnvoll, hier näher auf dieses Thema einzugehen. Sie benötigen eine Vorführung, um sich ein Urteil bilden zu können.

Bevor Sie zu schneiden anfangen, müssen Sie zuerst entscheiden, ob Sie das gesamte Aquarell einrahmen oder ob es vielleicht besser ist, einen Ausschnitt davon zu nehmen. Es kommt häufig vor, daß ein Aquarell, das zum größten Teil gut gelungen ist, ein Eckchen hat, das nicht so gut ist. Das muß nicht heißen, daß Sie vom ganzen Auqarell nichts mehr haben, denn die gut gelungene Partie kann noch einen guten Ausschnitt ergeben.

Die Suche nach einem Ausschnitt im Aquarell.

Selbst wenn Sie vorhaben, das Schneiden einem Fachmann zu überlassen, sollten Sie so viel wie möglich darüber wissen, um es wunschgemäß ausführen lassen zu können.

Wenn Sie die Größe des Ausschnittes bestimmt haben, müssen Sie ein gutes Format für das Passepartout finden, damit das Aquarell so gut wie möglich seine Wirkung entfalten kann. Ein zu kleines Passepartout beeinträchtigt Ihre Arbeit, weil die räumliche Wirkung verloren geht; ein zu großes Passepartout lenkt die Aufmerksamkeit von Ihrem Aquarell ab. Auch die verkehrte Farbe kann einen nachteiligen Einfluß haben.

Um zu einem guten Verhältnis zwischen der Arbeit und dem Passepartout zugelangen, hat man eine Reihe Regeln aufgestellt. Wir werden einige davon erläutern.

Um das richtige Verhältnis zu finden, können sie sich vier Papierstreifen bedienen oder zweier langer Papierecken, mit denen Sie einen guten Ausschnitt bestimmen können. Sie können diese Streifen oder Ecken aus mehreren Farben ausschneiden, so daß Sie abschätzen können, ob das Aquarell besser in einem hellen oder einem dunklen Passepartout zur Geltung kommt.

Mit Papierecken wird der richtige Ausschnitt gesucht.

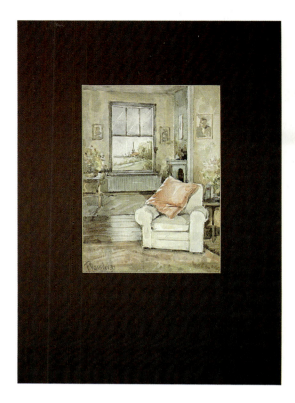

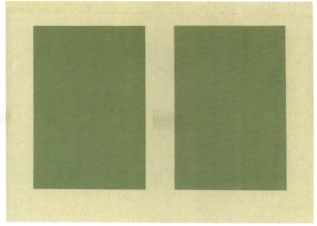

a. In diesem Fall wird davon ausgegangen, daß das Passepartout an beiden Seiten gleich breit wird. Das Verhältnis zwischen dem Raum über und unter dem Aquarell wird auf eine bestimmte Weise berechnet. Nehmen Sie beispielsweise an, die Seiten des Passepartouts hätten eine Breite von 6 cm, dann wird der Breite über dem Aquarell 1/5 der genannten 6 cm hinzugezählt, so daß man auf eine Breite von 7,2 cm kommt.

Für die Breite unter dem Aquarell rechnet man 1/3 der genannten 6 cm dazu, was insgesamt 8 cm entspricht. Auf diese Weise kommt Ihr Aquarell in ein richtiges Verhältnis zum Passepartout. Wenn das Passepartout an allen Seiten gleich breit ist, wird der Eindruck erweckt, das Aquarell befände sich nicht genau in der Mitte, sondern ein wenig tiefer. Man hat es hier mit einer optischen Täuschung zu tun.

b. Nach dem gleichen Prinzip können Sie auch zwei gleichgroße Aquarelle in einem Passepartout anbringen. Das machen Sie folgendermaßen:

Angenommen, Sie hätten für die Seiten und den Abstand zwischen den Aquarellen 3 cm gewählt. Der Abschnitt über den Aquarellen beträgt dann 3 cm + 1/3 von 3 cm, was 4 cm entspricht. Auch nun stehen die Aquarelle in einem guten Verhältnis zueinander und zu der Breite des Passepartouts.

c. Eine dritte Möglichkeit, die vor allem für Hochformate geeignet ist, besteht darin, die Breite des Passepartouts an den Seitenrändern über dem Aquarell gleich zu halten und die Breite unter dem Aquarell zu vergrößern. Nehmen wir beispielsweise an, die Seitenränder und der Oberrand des Passepartouts seien 4 cm breit, dann darf das Maß des unteren Randes variieren, jedoch niemals kürzer sein.

d. Häufig bedient man sich auch eines Systems, bei dem die Seitenränder des Passepartouts relativ schmal gehalten werden, das obere Stück etwas breiter ist als der Berechnung unter Punkt a und b zufolge, und die Breite unter dem Aquarell wiederum ein wenig größer ist als über dem Aquarell. Dieses variable Verhältnis wird bei vielen Dartstellungen, u.a. Landschaften, angewendet. Die Verhältnisse der illustrierten Passepartouts sind:

3,5 cm für die Seitenränder, 5 cm für die Breite über und 6,5 cm für die Breite unter dem Aquarell. Es versteht sich von selbst, daß Sie bei größeren Formaten diese Verhältnisse multiplizieren müssen.

e. Wenn Sie mit einigen der hier beschriebenen Beispiele umgehen können, sollten Sie einmal mit freieren, gefühlsmäßigen Einteilungen experimentieren, wodurch die Sache etwas spielerischer wird.

Die Verhältnisse, die verwendet wurden, eignen sich sehr gut für Portraits, die im Profil wiedergegeben sind, wobei der Portraitierte den Blick nach rechts richtet. Diese Komposition wird dann auch von der Blickrichtung im Gleichgewicht gehalten.

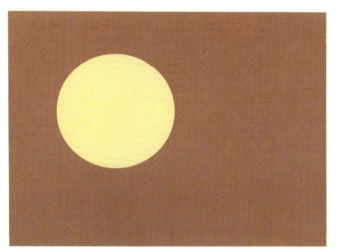

f. Formen, die man in der letzten Zeit wiederkommen sieht, sind die ovalen und die runden Passepartouts. Vor allem für Portraits und Miniaturen werden dieses Formen immer häufiger verwendet.

Sie können den Aquarellen eine bestimmte Atmosphäre verleihen, besonders, wenn die Formen im Aquarell mit der Rundung des Passepartouts korrespondieren.

Sie können diese Passepartouts in dem unter Punkt a. angegebenen Verhältnis schneiden.

h. Zum Schluß können Sie auch ein geëigneten Aquarell, in ein doppeltes Passepartout setzen. Die Öffnung des oberen Passepartouts wird ein wenig größer ausgeschnitten als die des unteren. Die Tiefenwirkung wird dadurch erhöht.

Machen Sie den Unterschied zwischen zwei Formaten nicht zu klein, aber auch nicht allzu groß. Versuchen Sie, ein gutes Verhältnis herauszufinden. Nehmen Sie dafür zwei gut zueinander passende Töne, die auch mit dem Aquarell harmonieren. Zum Herausfinden der richtigen Verhältnisse und Farben können Sie das Aquarell auf gefärbtes Papier legen.

g. Dieselben Möglichkeiten wie die unter Punkt f genannten, können ebenfalls mit ovalen und runden Formen ausgeführt werden.

Da der Karton teuer ist, ist Ihnen vielleicht lieber, das innere Passepartout aus gefärbten Papier von guter Qualität zu machen.

115

Denken Sie beim Schneiden des Passepartouts daran, daß die Öffnung kleiner als die Zeichnung sein muß, die dahinter kommen soll.

Ein Passepartout kann auf zwei Arten zugeschnitten werden: mit einem geraden und einem schrägen Schnitt in der Öffnung.

Der gerade Schnitt kann mit einem guten Schneidemesser ausgeführt werden. Abbildung 1 zeigt einen Querschnitt eines geradegeschnittenen Kartons und 1a die Vorderansicht des dazugehörigen Passepartouts. Einen gekrümmten Ausschnitt können Sie ausschließlich mit einem guten, dafür bestimmten Passepartoutschneider machen. Der Schnitt verläuft dabei schräg nach innen. Abbildung 2 zeigt den Querschnitt und 2a die Aufsicht eines Passepartouts mit schrägem Schnitt.

2a. Der schräge Schnitt verläuft von außen nach innen, so daß die Zeichnung scheinbar tiefer liegt.

Die Zeichnung wird mit zwei Stückchen säurefreiem Klebeband am oberen Rand befestigt, so daß sie lose hängt. Das Papier kann sich dadurch bei Temperaturunterschieden nicht verziehen. Kleben Sie zum Schutz der Zeichnung auf die gleiche Weise noch einen zusätzlichen Bogen Papier gegen die Rückseite. Vorsorglich können Sie diesen Bogen gegebenenfalls mit Grundierlack versehen. Die in das Passepartout gesetzte Zeichnung kann nun problemlos gerahmt werden.

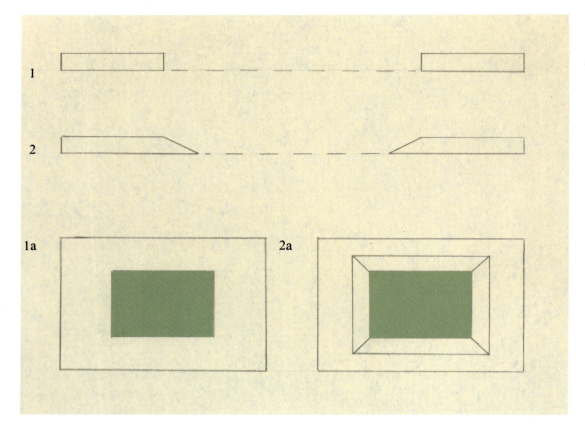

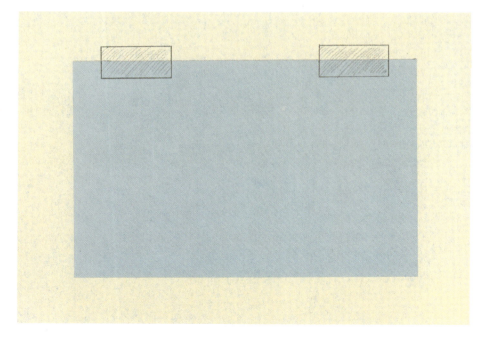